ARADIA HARTMANN

Tarot pour débutants

Tout sur le symbolisme et les allégories des Arcanes. Grâce aux systèmes de lecture, dans une approche théorique et pratique, vous allez pouvoir interpréter les cartes!

First edition

This book was professionally typeset on Reedsy.
Find out more at reedsy.com

Contents

INTRODUCTION

Jeu fascinant, outil ésotérique, fragments d'Histoire qui résonnent jusqu'à nous aujourd'hui, illustrations magnifiques aux allures d'œuvre d'art... Les cartes de tarot sont tout cela et bien plus encore. Depuis leurs débuts, dont il existe bien plus qu'une seule légende, elles ont accompagné l'histoire de l'Humanité, évoluant d'un simple passe-temps à un moyen de lire le passé, le présent et l'avenir.

Dans ce livre, nous allons ensemble aborder l'histoire des cartes, puis, ensuite, le moment sera venu de présenter les différentes méthodes par lesquelles il est possible d'ouvrir les portes du monde ésotérique, grâce à l'art de la cartomancie.

Viendra ensuite le grand moment tant attendu, celui de passer à l'analyse mystique de chaque carte.

Êtes-vous prêt pour ce voyage évocateur et plein de mystère, entre Arcanes, Honneurs et Triomphes, qui vous permettrons de vous-même procéder à vos premiers tirages, et... dès la fin de la lecture de ce livre.

Bonne chance, belles découvertes et des centaines de futures bonnes lectures !

– PARTIE I –

CHAPITRE 1 - L'histoire du Jeu de Tarot

L'origine exacte du Tarot n'est pas connue, toutefois certaines preuves historiques font état d'une période située juste avant 1450, correspondant aux dernières années du Moyen-âge. Selon d'autres hypothèses, le Tarot serait encore plus ancien et trouverait ses racines dans l'Egypte Antique.

Si nous considérons ce que nous savons aujourd'hui, nous pouvons dire que les caractéristiques du système de Tarot l'identifient comme un artefact de la période de la Renaissance, avec un lien profond avec les jeux de cartes en général, qui gagnaient en popularité au cours de cette période.

En effet, le jeu de cartes s'est développé en Europe à partir de l'an 1375. Les premières références datent de 1377, mais la diffusion à grande échelle a eu lieu vers l'an 1400.

Pour comprendre l'importance du phénomène, mentionnons que Charles IV de France, en 1392, a commandé la création d'un jeu de cartes. La Cartomancie serait alors née ? Nous n'avons aucune preuve qu'il s'agissait bien d'un jeu de Tarot, même si, pendant un certain temps, ce jeu a été confondu, à la Bibliothèque nationale de France, avec le tarot Gringonneur, qui n'apparaîtra que bien plus tard, au milieu du XVe siècle. Ce dernier reste considéré comme l'un des premiers exemples de tarot à usage divinatoire, bien que les premiers jeux de tarot aient été principalement utilisés pour s'amuser en société.

Le jeu de tarot contient, entre autres, vingt-deux cartes appelées à l'origine Triomphes, et désormais les Arcanes Majeurs, dont la première mention remonte à 1422, alors que le mot « tarot » n'apparaît qu'en 1516. Une autre caractéristique de ces cartes, bien que moins connue, concerne l'introduction de la figure de la Reine, puisqu'à l'origine les figures étaient le Valet, le Cavalier et le Roi. Ce n'est que dans le Tarot du XVe siècle que fut introduite cette nouvelle figure qui, au fil du temps, remplaça également le Cavalier dans les jeux, qui était présent dans les cartes du XIVe siècle.

Au départ, les couleurs étaient nommées Baguette, Épée, Denier et Coupe, mais lorsque le jeu s'est répandu en Suisse, en France et en Allemagne, des modifications furent nécessaires pour être acceptées au niveau national. Ainsi ont été introduites les couleurs des boucliers, des roses, des glands et des cloches sont pareillement apparues. Les éléments associés au Tarot sont vraisemblablement d'origine italienne. Tout ceci semble toutefois avoir subi des influences, et des variations dans les provenances, en raison de la domination turque en Egypte, avec des racines possibles en Perse ou en Inde.

L'une des théories concernant les cartes de tarot suppose qu'elles ont été introduites en Europe, en même temps que les cartes à jouer, par les gitans. Or, cela ne paraît pas du tout probable, puisque les Tsiganes sont arrivés sur les territoires européens vers 1417, alors que les cartes à jouer étaient déjà connues depuis au moins quarante ans. En outre, bien que nous ayons l'habitude de lier la chiromancie à ce peuple, avant le XIXe siècle, il n'existe aucune mention de Tsiganes prédisant l'avenir à l'aide de cartes de tarot. Nous pouvons donc supposer que leur utilisation ultérieure est le résultat de l'influence que le tarot a exercée sur eux, et non l'inverse.

Nous savons que le premier « vrai » jeu de tarot date de 1450, et qu'à cette époque les images dites magiques suscitaient un grand intérêt, généré par la traduction des œuvres hermétiques grecques de Marsilio Ficino, plus connu sous le nom de Marsile Ficin en français, commandée par Cosimo de Medici.

Nous pensons même que de nombreuses œuvres de Botticelli ont été commandées à des fins magiques.

La Naissance de Vénus, Le Printemps et Vénus et Mars sont des exemples de tableaux aux références magiques, tandis que pour La Forteresse, le brillant peintre s'est peut-être inspiré des Triomphes du Tarot, en l'occurrence, de la Force.

À cette époque, même les papes s'intéressaient à la magie et l'un des systèmes de magie naturelle consistait à placer des symboles dans certains dessins, afin de lutter contre les forces astrologiques néfastes et dévastatrices. Les figures idéales créés à cette fin, étaient donc les Triomphes du Tarot.

Quoi qu'il en soit, entre 1450 et 1480, il est prouvé que les Triomphes sont définitivement entrés dans l'usage des cartes à jouer.

Un document datant de cette époque est particulièrement intéressant, car les honneurs du Tarot, c'est-à-dire roi, valet, chevalier et reine, y apparaissent dans une séquence numérotée. Par simple déduction, ceci nous permet de confirmer que les représentations que nous utilisons aujourd'hui étaient bien celles qui étaient déjà à contempler à cette époque reculée.

Entre 1500 et 1750, l'histoire du Tarot coïncide pratiquement avec celle des cartes à jouer. Ainsi, bien que le jeu soit né en

Italie, c'est ensuite en France que la production de cartes a été la plus importante, Lyon et Rouen jouant le rôle de centres d'exportation de ces jeux dans toute l'Europe... Vers la Flandre, l'Angleterre, l'Espagne, la Suisse et le Portugal.

En 1631, cependant, la ville de Marseille reçoit un édit royal pour ses activités de production, devenant ainsi le principal centre de production de cartes, qu'elle exporte même vers l'Italie.

C'est la raison pour laquelle le Tarot de Marseille est devenu le modèle le plus célèbre et le plus utilisé dans le monde. Le phénomène du tarot dans ces années-là était si célèbre qu'il est dit qu'il y avait plus de joueurs de tarot que de joueurs d'échecs en France. De plus, l'industrie était si taxée que plusieurs entrepreneurs ont quitté les terres bordant la Méditerranée pour ouvrir leurs usines en Angleterre. Et, par voie transalpine... en Suisse et en Savoie !

Des traces du déclin et de l'essor de la popularité du tarot sont visibles dans les rééditions du livre de jeux français « La Maison académique des jeux ». C'est dans la seconde édition de 1659 présente une description détaillée du jeu de tarot, qui apparaîtra également dans les réimpressions ultérieures, au moins jusqu'en 1718.

Par la suite, les règles du tarot n'apparaîtront plus que dans quelques rééditions du « Livre des jeux français », car elles ont été définies comme des cartes obsolètes en 1726.

En revanche, dans le sud de la France, en Suisse, en Italie et en Allemagne, le jeu de tarot a continué à être très populaire. L'investiture du tarot en tant qu'outil ésotérique peut être attribuée à Antoine Court de Gebelin, qui en parle en 1781 dans l'un des volumes de la série « Le Monde Primitif » qu'il a publié.

L'auteur, un pasteur protestant très intéressé par l'occultisme, pensait que le tarot était le vestige d'un ancien tome égyptien contenant une sagesse secrète.

Cependant, il faut préciser que Court de Gebelin, dans les années 1770, est devenu franc-maçon et membre d'autres ordres ésotériques, de sorte que ses observations sur le tarot peuvent ne pas être entièrement originales, mais dérivées des traditions ésotériques prévalant dans les confréries secrètes.

Dans le neuvième volume de son traité, il avance également l'hypothèse d'un âge d'or originel. Une sorte de période mythique de prospérité et d'abondance, justifiant cette hypothèse par l'étude étymologique du langage et l'interprétation allégorique des mythes.

Dans ce grand projet d'édition, il a par ailleurs cité le tarot comme un exemple de sagesse ancienne ayant survécu aux sables du temps, affirmant que le symbolisme provenait de l'Egypte Antique.

Les prêtres égyptiens ont ensuite transformé ces symboles en cartes à jouer afin de les préserver au fil des siècles. Ce symbolisme s'est ensuite répandu dans la Rome impériale, puis, grâce aux papes, en Avignon, pour finalement atteindre la Provence.

L'étymologie du terme tarot provient pareillement de l'Egypte Ancienne. Ainsi, « taro » vient de l'ancien égyptien « tar », qui signifie « chemin », tandis que « ro, rog, ros » signifie « réel ».

Les vingt-deux Triomphes correspondent donc aux lettres de l'alphabet hébraïque.

Antoine Court de Gebelin a annexé à son traité un essai d'un auteur anonyme, qui a soutenu la thèse de l'origine du Tarot liée à l'Egypte ancienne, en le désignant comme le Livre de Thot, en liant le mot Tarot à la langue égyptienne, en lui donnant le sens de « science ou doctrine de Thot ». Toujours selon la thèse de cet auteur anonyme, le Tarot est arrivé en Europe par l'intermédiaire des musulmans, qui l'ont apporté en Espagne, puis en Allemagne par l'intermédiaire des troupes de Charlemagne. Le tarot serait associé à la cartomancie en raison d'un lien avec une ancienne pratique égyptienne consistant à établir un lien entre les cartes et les lettres hébraïques, devenant ainsi partie intégrante de la cartomancie.

On peut donc dire que les livres de Court de Gebelin ont suscité un énorme intérêt pour le Tarot, en particulier pour la manière dont il pouvait être utilisé pour prédire la fortune.

Cette popularité est exploitée par de nombreux personnages, parmi lesquels se distingue la figure d'Etteilla, Jean-Baptiste Alliette le jeune, dit Etteilla, pour être précis. Astrologue, diseur de bonne aventure, fabricant de talismans et interprète des rêves, il est l'un des premiers à lire les cartes, anticipant une pratique qui, à l'époque prérévolutionnaire, allait être très répandue à Paris.

Etteilla est à l'origine de certaines variations apportées aux dessins du tarot de l'époque, établissant, par exemple, que la guirlande ovale entourant la figure de la carte du Monde devait être un Ouroboros, le serpent qui se mord la queue, symbole de l'éternité.

L'exemple de ce précurseur a été suivi par un grand nombre de voyants et la pratique de la cartomancie s'est répandue comme une traînée de poudre.

À partir de 1825, de nombreux jeux de cartes ont été publiés dans le but de prédire l'avenir, bien que leur lien avec le tarot soit très ténu.

Une continuation plus sérieuse de la tradition ésotérique du Tarot se trouve dans les livres « Dogme et Rituel de la Haute Magie », « Histoire de la Magie », « La Science de l'Esprit » et «

La Clé des Mystères », d'Alphonse Louis Constant (1810-75).

Constant, comme Court de Gebelin, considérait également le Tarot comme un livre de sagesse antique, qu'il qualifiait de « Livre d'Hermès », le faisant remonter à une époque antérieure à Moïse, au patriarche Hénoch. En 1852, Constant fut approché par Jean-Baptiste Pitois (1811-77), un écrivain qui prit des cours auprès de lui et qui publia en 1870 le livre « Histoire de la magie », dans lequel il décrivait une cérémonie d'initiation fictive ayant eu lieu sous les pyramides de l'Égypte antique.

Dans cette reconstitution, le candidat devait monter soixante-dix-huit marches et traverser ensuite une pièce dans laquelle étaient exposées les images des Triomphes du Tarot.

Il s'agit peut-être d'une reconstruction imaginative en termes historiques. Cependant, elle peut toujours être considérée comme un puissant exercice de visualisation ou comme un chemin initiatique.

Les personnes intéressées par l'occultisme devraient donc observer cette pratique avec sérieux, car elle peut fournir des informations sur les expérimentations ésotériques de certaines sociétés secrètes présentes au XIXe siècle.

1888 est une année importante dans l'histoire du tarot et de l'occultisme en général. En effet, deux sociétés occultes importantes ont été fondées. D'une part, l'Ordre hermétique de l'Aube dorée, né en Angleterre. Et d'autre par, en France, l'Ordre kabbalistique des Rose-Croix.

Cette dernière a été créée par le marquis Stanislas de Guaita (1861-1897), qui souhaitait redonner aux Arcanes du Tarot leur « pureté hiéroglyphique ». L'année 1889 vit la publication d'une édition dans laquelle les Triomphes étaient numérotés de 0 à 21 et portaient l'indication de la lettre hébraïque correspondant à chaque numéro. Les dessins présentés suivent le schéma marseillais, tout en y apportant quelques modifications ésotériques.

Un autre ouvrage qui a vu le jour en France avant le début du XXe siècle est celui de Robert Falconnier, adepte du tarot égyptien. Les dessins utilisés pour ces cartes sont tirés de bas-reliefs et de fresques originaux conservés au British Museum de Londres, ainsi qu'au Louvre à Paris.

Une autre année importante dans l'histoire du tarot est 1910, au cours de laquelle le livre « Key to the Tarot » de Arthur Edward Waite a été publié, accompagné d'un jeu de cartes de style ésotérique. Ce jeu, appelé plus tard Rider-Waite, dans lequel Rider était le nom de l'éditeur, présentait les Honneurs et des images de cartes numérotées résolument innovantes.

Le jeu intégrait la séquence et les systèmes d'attribution utilisés par le Golden Dawn, Waite ayant rejoint l'ordre du Golden Dawn en janvier 1891, influençant ainsi grandement tous les jeux ésotériques qui allaient être créés par la suite. Aleister Crowly (1875-1945), membre de Golden Dawn également, a publié en 1944, une étude complète des cartes, intitulée « The Book of Thot », ainsi que des cartes très originales créées par Lady Frieda Harris, artiste et occultiste.

Une autre figure importante du tarot est Paul Case (1884-1954) qui, après avoir fondé sa propre association ésotérique, qui se nomme The Builders of the Adytum et qui est encore active à Los Angeles, publie en 1927 le livre « The Tarot ». En 1931, il produit un jeu de cartes avec une version moderne des dessins « Honours de Waite », les imprimant en noir et blanc pour que ceux qui les achètent puissent les colorier et les personnaliser, tout en revenant à l'ancienne tradition des motifs géométriques pour représenter les couleurs de la carte.

À la fin de la Seconde Guerre mondiale, il y eut une période qui dura environ vingt ans. Épisode durant lequel le Tarot ne trouva que peu de diffusion et d'intérêt, si bien qu'au début des années 1960, il était plutôt difficile de trouver un jeu. Même les jeux marseillais les plus célèbres étaient difficiles à trouver, sauf en voyageant dans des régions d'Europe où le jeu de tarot était encore en vogue.

En revanche, à partir de 1970, ce scénario s'est complètement inversé et le nombre de livres publiés sur ce sujet a considérablement augmenté, et nous avons assisté à la naissance de divers jeux ésotériques, ainsi qu'à la réimpression d'anciennes versions. Aujourd'hui, nous trouvons un large éventail de jeux de tarot qui répondent à tous les goûts. Des jeux créés pour les spécialistes de la sorcellerie, de l'astrologie, du bouddhisme, des légendes mayas, et même des cartes de tarot créées pour les amateurs de fantaisie.

CHAPITRE 2 - Le tarot en tant qu'instrument de divination

La divination est l'une des plus anciennes pratiques humaines, mais aussi l'une des plus méconnues. Depuis la nuit des temps, nos ancêtres se sont interrogés sur le sens des événements qui se produisaient autour d'eux. Puis ils ont imaginé et perfectionné toute une série de codes et de techniques pour donner un sens et une signification à ces « signes ».

La divination est généralement comprise comme une lecture de l'avenir ou comme une indication de faits et de situations à venir. Cependant, en réalité, il s'agit de quelque chose d'un peu différent, qui recouvre une signification plus large. Au sens propre, le terme divination signifie connaître les choses divines, c'est-à-dire les faits connus uniquement des divinités et des esprits.

Non seulement l'avenir, donc, mais aussi certains aspects du passé ou du présent, qui sont fermés à ceux qui ne s'attachent qu'à l'apparence de la réalité du monde matériel.

La divination permet d'entrer en contact avec la dimension spirituelle et, par conséquent, avec le monde immatériel. L'art divinatoire nous permet d'expérimenter et de connaître l'éternité, en nous aidant dans un processus qui nous conduit à la connaissance de notre propre esprit, cette partie de l'âme humaine qui voit tout et sait tout. C'est pourquoi celles et ceux qui décident de se consacrer à la divination, au moyen de n'importe quel instrument, doivent le faire en restant le plus possible dans le moment présent, dans l'ici et maintenant. C'est l'attitude correcte à avoir afin de ne pas polluer leur lecture par des pensées intrusives qui conduisent à la distraction.

La divination permet donc de comprendre les raisons d'un événement passé, d'un événement présent ou encore d'un événement à venir.

En résumé, diviniser signifie tirer de soi la Connaissance Divine, une caractéristique que nous possédons naturellement, mais que nous avons oublié d'avoir au cours de la vie.

L'acte même de lire les cartes de tarot, ou l'interprétation de n'importe quel oracle, est la représentation d'un profond moment de recueillement intérieur. C'est dans un tel moment que nous pouvons apprendre à comprendre ce qui se trouve dans notre âme, ainsi qu'une grande opportunité de croissance personnelle, si elle est prise de la bonne manière.

Lire l'avenir n'a donc rien à voir avec la fatalité ou le destin, comme nous le croyons souvent à tort. En effet, le sens correct de la divination n'est pas d'arriver à la connaissance d'un événement déjà écrit et en conséquence inéluctable... Il s'agit plutôt de deviner ce qui pourrait arriver si la personne qui observe l'avenir continue à avoir la même conduite sans rien changer à sa vie. En clair, si nous nous trouvons au point A, le fait de ne rien changer à notre vie et à notre comportement conduira au point B.

Il s'agit donc d'une ligne de tendance et non d'une vérité

immuable et sans issue... Un éternel devenir, dans lequel, en comprenant et en connaissant au mieux les situations, nous pouvons intervenir sur les problèmes pour qu'ils prennent une direction qui nous convienne mieux.

Ce n'est rien d'autre que le principe d'incertitude, formulé par Heisenberg en 1927, qui stipule que l'observation d'un objet modifie l'objet lui-même. Le simple fait d'en savoir plus sur une situation entraîne une modification de la situation elle-même.

Cela se produit parce que notre perception est modifiée et que l'équilibre des forces en présence change inévitablement. C'est pourquoi, dans de nombreuses cultures païennes, les prophéties sont renouvelées périodiquement, afin que l'évolution des événements puisse être vérifiée à tout moment.

La divination nous permet de voir une situation sous un angle différent et, par conséquent, peut nous aider à trouver des solutions alternatives, qui n'auraient pas été disponibles autrement, en regardant les choses avec un état d'esprit plus rigide.

Elle peut également aider à prendre des décisions sur des sujets quotidiens à un niveau pratique, ce qui en fait un excellent outil de développement personnel. Comme nous l'avons mentionné, elle offre non seulement un aperçu de l'avenir, mais rend également le présent plus clair et explique le passé.

Comment fonctionne la divination ?

Énergies et fréquences ?

Dans l'univers mystérieux de la divination, les énergies et les fréquences se révèlent comme les maîtres incontestés. Tel un philosophe éclairé, prenons pour postulat fondamental cette vérité élémentaire... Tout ce qui nous entoure est tissé de molécules dont les mouvements engendrent une énergie vibrante. Or, il est connu que les énergies similaires, pareilles à des aimants, s'attirent mutuellement. De cette observation, nous pouvons donc déduire que les fréquences émanant lors de la divination dévoilent des éléments singuliers. Que ce soient des cartes, des symboles ou des signes, tous ces artifices refléteront ce que nous sommes susceptibles d'attirer dans notre existence, pourvu que ces fréquences demeurent inchangées, immuables telles qu'elles sont en cet instant présent.

Ainsi donc, pour scruter l'horizon à venir, il convient tout d'abord de s'immerger en notre propre essence, car la véritable sagesse réside dans cette conscience profonde. En vérité, en apprenant à décrypter nos schémas mentaux et nos démons intérieurs, il nous sera moins ardu de déceler ces constantes au sein des événements qui ponctuent notre existence, et ceux-là même qui façonnent notre avenir, à moins que nous ne choisissons de bifurquer vers d'autres horizons.

En cet égard, la divination se révèle être le miroir limpide qui renvoie notre être intime, avec son inconscient enfoui, ainsi que tout ce que nous peinons à accepter de nous-mêmes, étouffé et parfois réprimé, captif dans les replis de notre être. Parfois, l'acte divinatoire revêt cette signification, celle de libérer les entraves qui nous retiennent captifs, d'affronter sans détour une réalité que nous souhaiterions altérer. Notre âme, cependant, ne se soucie guère de ces aspects édulcorés, préférant ardemment se confronter à la vérité, afin que nous puissions puiser en nous-mêmes les enseignements et évoluer, qu'ils se manifestent à travers des leçons austères et douloureuses, ou par des caresses tendres et bienveillantes, plus légères en leur éclat.

En évoquant les tarots, plongeons dans leur mystère. Lorsque nous tirons une carte, ce qui se dévoile devant nos yeux n'est point une image ésotérique, mais bien une représentation éclairante de notre propre être, revêtant les contours de nos besoins, nos peurs, nos désirs, nos conflits et nos espoirs. Ces éléments surgissent de notre conscience à l'instant précis où nous sollicitons l'oracle. À mesure que nous nous efforçons d'explorer les Arcanes divinatoires, nous découvrons avec une clarté grandissante que la divination ne fait pas étalage de certitudes absolues, mais plutôt de probabilités.

Les voies de la divination, telle une toile tissée, nous ouvrent des portes vers des avenirs multiples, indiquant des chemins envisageables. Les cartes, ces messagères symboliques, transmettent des signes et des présages, esquissant des destinées potentielles qui se dessinent devant nous. Cependant, gardons à l'esprit que notre libre-arbitre, pareil à une plume dans le vent, peut décider d'infléchir le cours des événements.

Ainsi, le tarot devient un outil qui révèle la richesse et la complexité de notre être intérieur, nous invitant à réfléchir et à méditer sur les voies qui s'ouvrent à nous. Dans cette danse entre le divin et l'humain, nous apprenons à discerner les nuances et les possibilités, sans jamais perdre de vue que le pouvoir de décision demeure entre nos mains, tels des acteurs dans l'intrigue de notre propre existence.

Les sentiments et l'état d'esprit influencent le résultat de la lecture, c'est pourquoi il est bon de s'engager dans l'art de la divination en gardant bien à l'esprit les principes de l'ici et du maintenant. Cette influence émotionnelle est la raison pour laquelle la cartomancie est en constante évolution.

Les méthodes de divination révèlent les motivations et les émotions cachées, suggérant la meilleure action à entreprendre, bien que le libre-arbitre nous permette de choisir la voie que nous préférons et à tout moment. Les émotions et les attitudes ont un impact considérable sur la vie que nous menons. Pourtant, il ne faut pas oublier que nous avons le pouvoir de les modifier à tout moment, changeant ainsi le cours des événements. La divination permet d'affronter les blocages et les peurs, d'améliorer sa situation et d'arriver au changement qui se transforme après quelques mises en place, en réalité de la vie. Pouvoir se regarder honnêtement tel que nous sommes est un pouvoir énorme, surtout si nous avons la force d'affronter sa négativité et d'essayer de la changer.

La divination nous vient en aide, car c'est un outil très puissant pour initier le processus de connaissance de soi.

Énergies et fréquences, et physique quantique ?

Pour compléter ce chapitre, nous nous devons d'ajouter ici quelques éléments. Bien qu'il n'existe aucun lien scientifique établi entre la divination et la physique quantique, certains éléments peuvent être un point de départ à de nouvelles réflexions, sujets que vous vous sentez peut-être prêt à aborder...

La physique quantique est un domaine de la science qui a été développé par plusieurs scientifiques au cours du début du XXe siècle. Toutes récentes, ces connaissances sont dues aux travaux de recherches de plusieurs individus. Chacun à sa façon a contribué de manière significative à cette discipline et il est difficile d'attribuer cela à une seule personne. Toutefois, nous pouvons retenir les noms de Max Planck, Albert Einstein, Werner Heisenberg et Erwin Schrödinger. C'est en 1900 que Max Planck a introduit le concept de quanta, également nommé « paquets discrets » d'énergie, pour expliquer le rayonnement du corps noir. Cette idée a été révolutionnaire et a ouvert la voie à d'autres développements Majeurs dans le domaine de la physique quantique.

Mais quel rapport avec le tarot, la divination, les énergies et les fréquences ?

Le point le plus important qui est ici soumis à votre appréciation, est bien le fait que la physique quantique a révélé certains phénomènes qui remettent en question notre conception classique de la réalité. Elle nous suggère une certaine forme d'interconnexion.

L'un des principes fondamentaux de la physique quantique est celui de l'intrication, où deux particules peuvent être entrelacées d'une manière telle que leur état quantique soit lié, peu importe la distance qui les sépare. Cela signifie que si une propriété d'une particule est mesurée, l'état de l'autre particule est instantanément modifié, quelles que soient les distances qui les séparent.

Ne trouvez-vous pas que ces aspects de la physique quantique, qui semblent étranges et contre-intuitifs, tels que la superposition quantique et l'intrication, intéressants ?

Certaines personnes interprètent cela comme une indication d'une forme d'interconnexion ou d'unicité fondamentale dans l'univers. Mais alors, précisément, cette notion d'interconnexion ou d'unicité « oneness » ne nous laisserait-elle pas des portes ouvertes ? Le fait que nous puissions nous permettre d'imaginer que des formes de divination ou d'intuition peuvent être liées à l'interconnexion suggérée par la physique quantique est un sujet ouvert à interprétation. Certains philosophes, spiritualistes et adeptes de la divination peuvent soutenir cette idée, tandis que d'autres scientifiques et sceptiques peuvent la rejeter.

Dans un aspect tout à fait différent, allons plus loin encore pour nous apercevoir d'étranges similitudes entre les cartes de tarot et certaines mythologies. Nous pouvons penser ici à Odin pendu à l'Yggdrasil, l'Arbre Monde dans la mythologie nordique, que nous pouvons rapprocher de la représentation du pendu dans le Tarot, le personnage étant également suspendu à un arbre. Mais pourquoi le pendu ? Odin, le dieu principal, se serait pendu lui-même pour acquérir la connaissance des runes et d'autres mystères.

Cette expérience a été décrite comme un sacrifice personnel pour obtenir la sagesse et la compréhension des mondes spirituels.

Nous vous laissons le soin de vous faire votre propre opinion à ce sujet... Ensuite, nous poursuivons vos étapes d'apprentissage dès le chapitre suivant.

CHAPITRE 3 - Particularités

Il fut un temps où l'acquisition d'un jeu de tarot ne se faisait point sans embûches, car il n'était guère aisé de le dénicher, se limitant à quelques rares recoins où il était disponible, et les variantes étaient peu nombreuses. En théorie, l'achat d'un tel jeu n'était pas encouragé, car la tradition voulait que le premier jeu fût offert en présent, et non point acquis de ses propres Deniers. Toutefois, de nos jours, les temps ont évolué, et il est superflu de demeurer prisonnier des croyances d'antan (même si offrir ou recevoir un jeu de tarot demeure une expérience singulière et originale), car il convient de saisir les opportunités offertes par le marché.

L'éventail des possibilités qui s'offre à nous est, en réalité, vaste, tout comme l'accessibilité. Les cartes de tarot se trouvent aisément sur Internet, dans les librairies, voire même chez les marchands de tabac. Cette abondance suscite donc une question essentielle, que choisir ? Dès lors, il est judicieux de passer en revue quelques jeux, afin d'élargir notre perspective. Toutefois, nous devons garder à l'esprit que l'expérimentation et l'audace sont de mise, sans crainte ni scrupule.

Types de tarot existants

Comme nous l'avons précédemment évoqué, l'histoire du tarot est ancienne et riche en variations. Au fil des siècles et des mains qui le manipulèrent, de nombreuses variantes virent le jour. À présent, une pléthore de jeux respectant plus ou moins la structure de base existent, se distinguant par leur forme, leur taille, leur style graphique et leurs représentations diverses. Voici une brève description des jeux les plus renommés.

Le Tarot de Marseille

Ce jeu trouve probablement ses origines parmi ceux produits au début du XVIIIe siècle à Dijon, eux-mêmes dérivant de ceux conçus au XVIIe siècle à Paris par différents imprimeurs. La principale particularité réside dans le fait que le nom et le numéro des Arcanes Majeurs se trouvent en bas de chaque carte, à l'exception du treizième Arcane, La Mort, dont le nom est généralement omis. Le jeu marseillais se caractérise par la simplicité de ses illustrations, utilisant un nombre limité de couleurs bien définies, jaune, rouge, vert, bleu, beige, blanc et noir. Le style rappelle les enluminures médiévales, et le système du Tarot de Marseille est ancré dans cette époque. Par exemple, le personnage du Mat est représenté comme un vagabond typique de cette époque, un sans-abri qui pourrait défier un roi sans subir de conséquences. Le squelette dans la carte de La Mort semble danser, évoquant la danse de la fatalité, symbolisant la brièveté de la vie ou une maladie grave. Enfin, la Tour et le Diable illustrent des récits bibliques liés à la fin du monde.

En termes de consultation, le Tarot de Marseille est similaire au Tarot Rider-Waite, car il peut répondre à une grande variété de questions, allant de la spiritualité aux relations. Cependant, en raison de la complexité de certaines interprétations, ce jeu s'adresse plutôt aux praticiens expérimentés.

Le Tarot Rider-Waite

Ces cartes demeurent, à ce jour, les plus populaires et les plus célèbres au sein des cercles anglo-saxons. Elles furent conçues par Arthur Edward Waite, un ésotériste américain et dessinées par sa disciple Pamela Colman Smith, en s'inspirant du Tarot Sola-Busca. Même aujourd'hui, ces tarots servent de référence non seulement pour les cartomanciens, mais aussi pour ceux qui souhaitent créer de nouveaux jeux, puisant leur inspiration dans leurs illustrations. Leur style simple et immédiat évoque les gravures médiévales. Une étude approfondie du Tarot Rider-Waite révèle que toutes les images ne représentent pas la même période historique, certains vêtements sur les cartes pouvant faire référence au Xe siècle, tandis que d'autres semblent appartenir au XVIe siècle. L'interprétation de ces cartes de tarot convient certainement aux débutants et, en ce qui concerne les consultations, elles s'adaptent à toutes les questions.

Le Tarot de Jodorowsky

Alejandro Jodorowsky, psychomage et artiste, possédant une profonde connaissance des cartes de tarot, ceci l'a amené à en collectionner un grand nombre tout au long de sa vie. Sa passion l'a conduit à étudier minutieusement les racines des cartes, en récupérant des formes, des couleurs et des symboles aussi fidèles que possible à la version « originale » des premiers jeux connus. Le résultat est un jeu interprété et codifié qui encourage l'attention portée aux détails et facilite la connexion entre les différentes cartes. L'interprétation du tarot de Jodorowsky est profondément psychologique, ce qui le rend plus apte à comprendre le présent plutôt qu'à prédire l'avenir. Ainsi, son utilisation est recommandée aux experts.

Le Tarot de la Mère Divine

Un jeu récemment créé est celui conçu par Karen Vogel et Vicki Noble dans les années 1970, pendant l'essor du mouvement féministe. Ces cartes respectent la structure classique des cartes de tarot, mais ont été créées avec une perspective féminine. Elles utilisant des symboles et des images qui font référence à la Déesse, ou à Mère Nature, selon l'interprétation de chacun et aux anciens cultes qui préexistaient aux religions monothéistes, s'inspirant des cultures matriarcales présentes à travers le monde. Ainsi, ce jeu est parfait pour explorer ces thèmes spécifiques et encourager l'expression du pouvoir féminin. Il peut également être utilisé dans des rituels particuliers en raison de ses symboles ésotériques.

Cartes d'inspiration

En dehors des jeux plus traditionnels, créés avec une structure précise, il existe par ailleurs des oracles et des cartes d'inspiration. Ces dernières peuvent présenter des règles variées et différer en termes de symboles, de nombre de cartes, d'organisation, d'images et de thèmes abordés. Comparativement aux cartes de tarot, elles offrent une plus grande liberté, car elles ne sont pas stratifiées avec des significations spécifiques, ce qui les rend plus faciles à utiliser, parfaites pour les néophytes. En ce qui concerne les consultations, les cartes d'inspiration peuvent se concentrer sur des sujets spécifiques, s'adaptant à des intérêts ou à des passions particulières ou bien définies.

Comment choisir le jeu qui vous convient le mieux

Comme nous l'avons vu dans la section précédente, tous les jeux de tarot ne fonctionnent pas de la même manière. Certains mettent l'accent sur l'imagerie, d'autres sur les symboles utilisés, tandis que certains se démarquent par leur thème dominant, et d'autres encore combinent tous ces éléments. Chaque variante a sa propre personnalité et il est important de comprendre comment elle peut nous convenir à un moment donné. À moins de recevoir un jeu en cadeau, l'important est de choisir avec son cœur, en écoutant son intuition. Mais pour ceux qui ne veulent pas s'accrocher aux anciennes superstitions, il n'y a aucune obligation de l'utiliser s'il ne résonne pas avec vous.

Il n'est pas nécessaire d'étudier d'innombrables textes ni d'analyser diverses pratiques ésotériques pour choisir un jeu de cartes simplement parce qu'il semble le plus adapté à nos objectifs. Toutefois, ce n'est pas de cette manière qu'il faut procéder. Il faut plutôt écouter son instinct, car un bon jeu de cartes doit intriguer, fasciner et inspirer. Commençons par l'aspect esthétique. Est-ce que la taille, la forme et l'épaisseur des cartes nous plaisent ? Puis passons aux visuels. Est-ce que les images et les couleurs nous plaisent ? Est-ce que le style des illustrations et les sujets/thèmes abordés nous plaisent ?

Dans ce sens, il n'y a pas de bonne ou de mauvaise réponse, et il faut tenir compte de nos propres goûts et de nos ressentis. Nous ne devrions pas choisir un jeu si ses images nous mettent mal à l'aise ou bien nous paraissent froides. Ce serait comme embarquer pour un voyage en mer sur un navire qui nous paraît peu solide et instable. Indépendamment de la qualité réelle du navire, nous n'apprécierions pas du tout le voyage. Ensuite, examinons les symboles et la signification des cartes. Certains jeux sont esthétiquement plaisants, mais pauvres du point de vue symbolique. Ils peuvent être beaux à regarder, mais seront-ils capables de nous fournir les bonnes réponses lors d'une lecture ?

Les symboles suggèrent des messages utiles, nous racontent des histoires dont nous avons besoin pour évoluer sur le plan personnel, et nous invitent à rêver. Certaines cartes peuvent être très sombres, tandis que d'autres sont résolument positives, et il est normal qu'il y ait cette différence. Demandons-nous donc dans quelle mesure le jeu que nous choisissons est compréhensible pour nous, quels messages il peut nous apporter et ce dont il traite réellement.

La dernière chose à garder à l'esprit est que nous avons une totale liberté d'exploration et d'expérimentation. Acceptons l'idée que tout au long de notre vie, nous trouverons différents jeux de cartes qui nous conviendront. Nous pourrons en utiliser un seul pendant un certain temps, puis en changer, ou en utiliser plusieurs en fonction du sujet ou du thème spécifique que nous souhaitons aborder. Personne n'est lésé en embrassant une tradition plutôt qu'une autre, mais nous cherchons simplement les outils qui nous conviennent le mieux.

Essayons, lançons-nous et laissons-nous guider par notre instinct, car il n'y a pas de guide plus fiable dans ce domaine.

Purifier et activer le jeu

Le rituel de purification et de consécration du jeu consiste en une série d'actions nécessaires pour préparer le jeu, parfois appelées « nettoyer le jeu des énergies extérieures », et pour établir une connexion avec lui en exprimant nos intentions. Ce n'est pas quelque chose que tout le monde pratique. Pour beaucoup, mélanger les cartes pendant un certain temps suffit à créer un contact et une connexion. Selon certains courants de pensée, ce n'est pas tant le rituel qui importe, mais les intentions qui chargent le tarot d'énergie pour son utilisation. Cependant, il peut y avoir plusieurs raisons pour lesquelles il est bon d'effectuer ce type de rituel. Explorons donc ces raisons.

Nettoyer le jeu.

Lorsque vous achetez une robe dans un magasin, vous la laverez probablement dans la machine à laver avant de la porter. Le même principe s'applique au jeu de tarot, avant de nous parvenir, il a voyagé entre plusieurs mains, absorbant différentes énergies. Il est en conséquence une bonne idée de le « nettoyer » avant de commencer à l'utiliser. Nous pouvons également considérer cela comme une étape de préparation afin de pouvoir utiliser notre tarot de manière optimale.

Créer une connexion.

Le nouveau jeu deviendra un outil de clarté, d'introspection et de prise de conscience. Jodorowsky décrit même le tarot comme « un être ». Une relation particulière s'établira certainement avec le jeu, il est donc important de consacrer un peu de temps pour « apprendre à le connaître » et à ressentir les énergies que les cartes nous transmettent.

Exprimer ses intentions.

Le rituel permet de dédier et de consacrer le jeu à un objectif spécifique, qu'il convient de réfléchir et de décider avec soin. Nous pouvons, par exemple, le dédier à un principe spirituel, à une entité... Pensons à l'aide, la connaissance, Mère Nature, une divinité avec laquelle nous ressentons une affinité particulière. Ou même au but dans lequel nous allons utiliser le tarot, tel que se connaître soi-même, gagner en clarté, aider son prochain, introduire la divination dans le monde.

Il faut se sentir libre de combiner ces éléments, puis d'écrire ses intentions sur une feuille de papier. Nous pouvons écrire, par exemple... « Je dédie ce jeu à la redécouverte de mon intuition et à l'exploration de mon âme », ou bien « Mon intention est de dédier ce jeu à l'aide aux autres et à la connaissance », ou encore « Je veux dédier ce jeu à Mère Nature, et grâce à elle, apporter de la clarté dans ma vie ». Il est évident qu'il ne faut pas se sentir obligé d'utiliser le jeu uniquement pour cette intention spécifique, mais au début, cela peut être utile pour donner une orientation pratique.

Comment effectuer la purification

Voyons maintenant quelles méthodes peuvent être utilisées pour purifier le tarot.

Palo santo, encens ou bâtons de fumée.

Ces méthodes de purification du tarot sont très populaires et largement utilisées. L'encens peut prendre différentes formes, telles que les bâtons d'encens qui brûlent sur du charbon de bois, permettant ainsi de faire passer le jeu de tarot à travers la fumée produite. Certaines personnes préfèrent passer une carte à la fois dans la fumée, mais cela reste un choix personnel.

Le Palo Santo est également approprié à cette fin. Si vous n'aimez pas l'odeur piquante de l'encens, vous pouvez choisir cette option, car le parfum de cet arbre est plus boisé et délicat. Les bâtons de fumée, quant à eux, sont issus de la culture chamanique et consistent en de petits bouquets d'herbes, de fleurs ou de plantes diverses, reliés entre eux par un fil naturel. Vous pouvez les fabriquer vous-même ou bien les acheter tout prêts dans votre boutique ésotérique préférée, ou bien en ligne.

Sous la lune.

Un autre système très répandu est le « bain de lune ». Il s'agit de placer le jeu de tarot dans le jardin, sur le balcon ou à tout autre endroit de la maison dans lequel il peut être exposé à la lumière directe de la lune, et de le laisser là durant toute une nuit. Il est même possible d'activer les cartes pour des lectures spécifiques en fonction des phases de la Lune. En général, cependant, la pleine lune est parfaite pour tous les besoins.

Bain solaire.

Le principe est similaire à la purification sous la lune. Il suffit de choisir une journée ensoleillée et de laisser les cartes en contact direct avec la lumière du soleil.

Cloches tibétaines.

Il s'agit d'une méthode alternative aux méthodes plus classiques que nous venons d'évoquer. Elle consiste à placer les cartes de tarot dans le bol d'une cloche tibétaine, puis de la faire sonner afin que les vibrations produites purifient les cartes.

Reiki.

Le Reiki est une technique qui permet de transmettre des énergies à l'aide des mains. Ce système est généralement utilisé pour soulager et guérir sur les plans physiques et mentaux, mais il peut également être utilisé pour purifier les cartes de tarot. Si vous avez des connaissances en Reiki, vous pouvez donc procéder de cette manière.

Le sel.

Le sel est l'un des systèmes de purification les plus anciens, puissants et connus. Du fait de sa praticité et de sa facilité à trouver, il peut être conservé dans une boîte dans la pièce où se déroulent les lectures et être utilisé pour purifier le tarot chaque fois que nécessaire. Pour la première purification du jeu, placez les cartes de tarot dans un sac en plastique et enfouissez-les dans un récipient empli de sel. Fermez hermétiquement le sac pour éviter toute contamination du sel par d'autres énergies, et laissez-le ainsi pendant quelques jours.

Pierres et cristaux.

Ce système est très simple, il suffit de placer un cristal sur le jeu pour purifier et recharger l'énergie du tarot. Le cristal le plus couramment utilisé, et le meilleur pour cette pratique, est le quartz de roche. Si vous ne parvenez pas à vous en procurer, l'améthyste constitue une bonne alternative, car elle possède des propriétés similaires tout en favorisant l'amplification des capacités psychiques.

Méditation et visualisation.

Les intentions et la canalisation des énergies sont des aspects très importants lorsque vous souhaitez aborder le monde du tarot, et ce système de purification utilise les mêmes principes. Asseyez-vous avec le jeu de tarot dans les mains, fermez les yeux et concentrez-vous sur votre respiration. Effectuez trois respirations profondes et visualisez une lumière enveloppant les cartes que vous tenez, les libérant de tout excès d'énergie ou de négativité résiduelle. Pendant la méditation, vous pouvez également faire appel à vos guides spirituels pour qu'ils éliminent les énergies négatives ou vous aident lors de votre prochaine lecture.

Mélanger et réorganiser les cartes.

Ce système consiste à prendre le jeu, à mélanger toutes les cartes et à les réorganiser de la première à la dernière. Pour les Arcanes Majeurs, commencez par le Mat et terminez par le Monde, tandis que pour les Arcanes Mineurs, allez de l'As au Roi, en répétant le processus pour chaque couleur. Une fois terminé, mélangez les cartes en ayant la conviction que le jeu que vous tenez entre vos mains est d'une certaine manière entièrement nouveau et régénéré.

Après avoir été purifiées et activées, les cartes de tarot peuvent être conservées dans une boîte ou un sac en tissu, de préférence avec un cristal de quartz.

Que demander au Tarot ?

Pour que la lecture soit constructive et réellement utile, il est très important de poser les questions de manière appropriée. Par exemple, si vous demandez... « Trouverai-je un jour l'amour ? », et que vous tiriez la carte Papesse, il est possible d'en conclure de manière déprimante que la condamnation est... une solitude éternelle.

En revanche, si vous vous demandez « Comment devrai-je me comporter pour trouver l'amour ? », et que vous tiriez à nouveau la carte Papesse, la suggestion de la carte pourrait être de prendre du recul pendant un certain temps, de ne pas vous précipiter dans l'action, d'observer les potentiels partenaires sans se mettre en avant ni dévoiler vos sentiments. Dans ce cas, nous constatons que l'interprétation change radicalement, et que nous devenons alors acteur de notre propre destin au lieu d'être un simple spectateur. Voici donc quelques conseils pour formuler au mieux les questions à poser au tarot, de manière à obtenir des réponses qui font vraiment la différence et vous permettent de mieux vivre et de prendre de meilleures décisions.

Non pas « quand », mais « comment ».

Nous ne demandons pas aux cartes du tarot SI et QUAND quelque chose que nous désirons ardemment se produira, mais nous leur demandons ce que nous pouvons faire pour favoriser la réalisation de cet événement tant attendu. Savoir que nous pourrons trouver le travail de nos rêves dans quelques mois ne faciliterait pas notre vie. Pourtant, cela pourrait la compliquer davantage, car cela pourrait nous amener à prendre des décisions impulsives basées uniquement sur une prophétie incertaine. En revanche, comprendre ce qui est en notre pouvoir et ce que nous pouvons faire concrètement peut réellement nous permettre d'agir de manière efficace, de préparer le terrain et de créer les conditions favorables à la réalisation de nos désirs.

Demandez des aspects utiles.

Il est inutile et contre-productif de demander aux cartes de deviner des choses sur nous que nous connaissons déjà. Il est préférable de se concentrer sur les détails d'une situation, de se demander quelles sont les forces en présence et quelle est la meilleure attitude à adopter pour y faire face. Nous laissons le tarot nous dire ce que nous voulons savoir, en nous concentrant uniquement sur ce qui est important, sans nous égarer dans d'autres directions.

Ne soyez pas obsessionnel.

Il n'est pas utile de se fixer sur des questions détaillées et obsessionnelles sur le même sujet. Par exemple, poser une série de questions telles que... « L'entretien que je viens de passer va-t-il bien se poursuivre ? Qu'est-ce que l'interlocuteur pense de moi ? Ai-je fait bonne impression sur lui ? Quand m'appellera-t-on pour me dire que j'ai été engagé ? Aurai-je un contrat à durée indéterminée ? Pourquoi m'a-t-on demandé si je travaillais bien sous pression ? Serai-je capable de m'intégrer à l'équipe des autres collègues ? ». Vous pouvez en être assuré, ceci ne mène qu'à frustration et déception. Il vaut mieux rester général en posant une question telle que... « Quelles sont les conséquences de l'entretien que j'ai passé ? » De cette manière, tous les points importants seront abordés naturellement, sans forcer. De plus, il est préférable de consulter les cartes avant l'entretien ou l'événement important. Les cartes du tarot peuvent ainsi fournir des conseils précieux et opportuns sur les pièges à éviter et l'attitude à adopter.

Cherchez la meilleure stratégie.

Plutôt que de se demander comment les choses vont tourner dans une situation désagréable, il est préférable de se demander ce que nous pouvons faire, ou ne pas faire, pour changer les événements. Les cartes de tarot sont de sages conseillères et leurs avertissements sont en accord avec la sensibilité de ceux qui les interrogent.

Comparons deux options. Si nous sommes indécis entre deux options, nous pouvons demander aux cartes d'analyser les avantages et les inconvénients de chaque choix. Les cartes du tarot peuvent nous aider à évaluer tous les éléments en jeu, même ceux auxquels nous n'avions pas pensé. Elles peuvent même révéler quel choix est plus en accord avec notre inconscient. Bien sûr, la décision « in fine » nous appartient, mais le tarot peut nous offrir une vision plus large et des idées plus claires.

Exemples de questions.

Voici quelques formulations de questions qui peuvent être utiles pour nous inspirer lors de notre prochain tirage de tarot...

- J'aimerais examiner une situation donnée, comprendre ce qui en ressort, et comprendre mon rôle.

- Je suis en train de planifier mon travail, mais j'ai des doutes sur un certain point.

- Je traverse une période difficile dans ma relation. Que puis-je faire ?

- Que puis-je mettre en œuvre pour véritablement atteindre mes objectifs ?

- Je ne parviens pas à maintenir une relation saine avec mon père. Quel comportement adopter pour améliorer les choses ?
- Comment puis-je savoir si la personne que je fréquente est la bonne ?
- Comment puis-je aider mon ami qui traverse une période difficile ?
- Pourquoi cela m'arrive-t-il toujours ?
- J'aimerais changer d'emploi, mais je suis indécis entre ces deux options.
- Une personne que j'aime m'a laissé tomber. Suis-je parfaitement lucide, en toute honnêteté, face à cette situation ? Comment puis-je agir ?

Nous pouvons vraiment tout demander aux tarots, y compris formuler des doutes et poser des questions qui semblent frivoles et insignifiantes à première vue. En général, le seul sujet à éviter est celui de la santé et tout ce qui s'y rapporte. Bien évidemment, il est préférable, voire indispensable de consulter un ou des professionnels de la santé ainsi que des spécialistes pour recueillir un diagnostic sérieux et un traitement en regard de la pathologie.

CHAPITRE 4 - Lecture des cartes

Allant des plus simples aux plus complexes, une kyrielle de méthodes s'offrent à vous. Certains systèmes de lecture se concentrent uniquement sur les Arcanes Majeurs, tandis que d'autres nécessitent également la connaissance des Arcanes Mineurs pour obtenir une image plus détaillée. Il est important de noter que plus la personne pratiquant la cartomancie est compétente, plus elle sera capable d'obtenir des détails complexes et une vision complète en se basant uniquement sur les Arcanes Majeurs. Comme pour tout dans la vie, l'expérience joue un rôle crucial et peut vraiment faire la différence dans l'interprétation des cartes.

Nous allons maintenant analyser les principales méthodes de lecture du Tarot, ainsi que les Arcanes qu'il est préférable de consulter pour chaque tirage des cartes. Il est conseillé aux débutants de commencer par les tirages les plus simples qui, tout en conservant une certaine efficacité, permettent de « s'entraîner » à la mémorisation de certaines combinaisons, afin de s'en souvenir plus tard lors des lectures ultérieures.

Les cartomanciens plus expérimentés, quant à eux, peuvent s'appuyer sur des projets plus complexes pour enrichir leurs lectures de nouveaux détails.

Diagramme à une carte

Ce schéma est le plus facile à utiliser et le plus recommandé pour ceux qui viennent de commencer à étudier le Tarot et qui ne sont pas très familiers avec la signification des Arcanes.

L'idéal est de l'utiliser tous les jours, afin, non seulement, d'obtenir des conseils sur le déroulement de la journée, mais aussi de s'entraîner à mémoriser et à réfléchir à la signification des différentes cartes. Le système à une carte peut également être utilisé si la question du consultant exige une réponse directe qui ne nécessite pas d'aller plus en profondeur dans les détails. Pour utiliser ce système, il suffit de mélanger les cartes et de choisir, selon son instinct, de tirer la première carte du jeu ou de l'ouvrir en éventail et de se diriger ensuite vers la carte qui « appelle » le plus son esprit. Le choix de l'une de ces deux options est indifférent. En effet, il n'y a pas de bonne ou de mauvaise méthode, il suffit d'observer ce qui fonctionne le mieux pour soi.

Une fois la carte choisie, il ne vous reste plus qu'à l'interpréter, en utilisant la lecture traditionnelle et intuitive pour en tirer le maximum d'informations.

Pour les débutants, le conseil est de noter chaque jour la carte tirée, puis, le soir venu, d'écrire dans un agenda, qui peut avantageusement devenir votre propre journal de tarot, tout ce que vous avez appris à son sujet, ainsi que le déroulement de la journée.

De cette manière, toutes les significations possibles de la carte peuvent être dévoilées.

Pour cette méthode de lecture, il est bon d'utiliser les Arcanes Majeurs, car les Arcanes Mineurs ne peuvent pas nous donner toutes les informations dont nous avons besoin.

Système à trois cartes

Le schéma à trois cartes est une autre méthode de tirage largement utilisée en raison de sa simplicité. Là encore, il s'agit d'un excellent système pour s'entraîner avec les cartes de tarot, lorsque nous débutons, car il donne au consultant l'image de la situation, ainsi que ses développements potentiels.

Une fois de plus, il est préférable d'utiliser les Arcanes Majeurs, puisque seules trois cartes sont utilisées, afin d'obtenir des réponses plus détaillées.

Le système de lecture à trois cartes ne doit pas être considéré comme un simple moyen de connaître le passé, le présent et l'avenir, mais doit être lu dans son intégralité. C'est comme s'il racontait une histoire en rapport avec la question posée par le consultant. Question qui, comme nous l'avons dit, doit être précise et non vague. Il faut donc tirer trois cartes, selon le même système que pour la lecture à une carte. Soit à partir du dessus du jeu, soit après avoir mis le jeu en éventail. La première carte tirée indique une situation passée qui a encore une influence sur le présent. Ce que montre la seconde carte. La troisième indique, quant à elle, vers où la situation présente conduira le consultant, s'il décide d'y rester ancré, sans entreprendre d'actions susceptibles de changer les choses.

Un cartomancien aguerri lira donc cet écrit comme un conseil pour savoir s'il faut ou non changer sa situation pour changer aussi son avenir.

Diagramme à cinq cartes en Croix simple

Le système à cinq cartes, également connu sous le nom de croix simple, est un système utilisé pour répondre à une question précise de manière plus large que le système à trois cartes.

Là encore, les Arcanes Majeurs sont préférés, mais les cartomanciens plus expérimentés peuvent tout autant utiliser les Arcanes Mineurs. Après avoir tiré les cartes, avec le système déjà vu dans les présentations précédentes, nous les disposons de manière à former une croix, de la façon suivante...

La première carte est placée à gauche du tireur, la seconde à sa droite, la troisième en haut, la quatrième en bas et la cinquième au centre de la croix. La première carte tirée indique, comme dans le tirage à trois cartes, un événement qui s'est produit par le passé et qui affecte encore le présent de la personne consultée. La seconde carte ajoute des informations sur la situation actuelle du consultant et peut pareillement indiquer des changements imminents par rapport à l'état normal des choses. La troisième carte donne un aperçu de l'avenir, qui pourrait changer si le consultant faisait quelque chose pour modifier sa situation actuelle.

La quatrième carte représente d'éventuels blocages, généralement liés au passé, qui ont eu une incidence sur la situation pour laquelle les cartes sont interrogées. Ainsi, grâce à l'interprétation de l'Arcane, nous pouvons recueillir des conseils sur la manière de ne pas se retrouver dans les situations et dans les comportements qui ont produit les blocages.

La dernière carte est le jugement final ou le résumé de ce qui a été vu, et offre des conseils sur la façon de changer la situation actuelle afin d'obtenir les résultats les plus favorables possibles.

Jeu de dix cartes dite Croix celtique

Ce système de lecture est parfait pour aborder une situation en profondeur, afin de la comprendre et de l'observer sous différents points de vue. Toutefois, comme il s'agit d'un tirage à partir de dix cartes de tarot, il est recommandé à ceux qui ont déjà un minimum de connaissances en matière de combinaisons de cartes. Effectivement, au lieu de clarifier les choses pour un néophyte, ce système ne fait que les compliquer. Les Arcanes Mineurs, tout autant que les Arcanes Majeurs, peuvent être utilisés pour le tirage à dix cartes. Pour disposer les cartes, en les plaçant dans un ordre précis pour obtenir un dessin, il vous faudra procéder de la manière suivante...

La première carte est le centre de la croix, à placer devant le consultant. La seconde carte est placée sur la première, comme pour créer un jeu, tournée horizontalement. La troisième est placée en haut. La quatrième à droite. La cinquième en bas, la sixième à gauche. Les autres cartes, à partir de la septième, devront être placées plus à droite, éloignées de la croix nouvellement formée. Ceci permet de créer une sorte de « tour », en partant de la base qui est donc la septième carte, pour aller jusqu'au sommet, la dixième. Voyons maintenant la signification des différentes positions.

La première carte représente la situation actuelle que vit le consultant. La seconde carte symbolise l'épreuve ou le défi auquel la personne qui consulte les cartes est confrontée. Il faut se rappeler qu'elle a toujours la possibilité de surmonter les difficultés. La troisième carte indique la racine de la situation actuelle que vit la personne qui consulte, son point d'origine. La quatrième carte représente le passé qui affecte encore le présent. La cinquième carte se concentre uniquement sur l'ici et maintenant, le moment présent. La sixième carte symbolise le futur proche, c'est-à-dire ce qui se passera dans les mois à venir si le lecteur de tarot ne change pas ses actions. La septième carte indique ce que le consultant peut faire pour changer la situation, autrement dit ce qui est en son pouvoir. La huitième carte représente l'influence des personnes que le consultant a autour de lui, par rapport à la situation et au consultant lui-même. La neuvième carte représente les craintes que la personne qui consulte ressent par rapport à la situation et, par conséquent, ce qu'elle espère pouvoir faire pour obtenir le meilleur résultat possible.

Système en Fer-à-Cheval

Ce système de lecture de cartes est spécialement conçu pour donner des réponses concises et claires à un problème très spécifique et concret. La personne consultée mélange d'abord les cartes, puis en tire sept, qui sont disposées de manière à former un fer-à-cheval, ou un V, comme suit...

La première carte doit être placée en haut, à gauche du consultant, la seconde un peu plus bas que la première, comme pour créer une marche descendante, la troisième un peu plus bas que la seconde, créant à nouveau une marche descendante. La quatrième doit être placée au centre, devant le consultant, la cinquième carte doit être placée à droite, légèrement au-dessus de la quatrième carte, comme pour créer une marche ascendante. La sixième carte doit être légèrement plus haute que la cinquième, créant ainsi une marche ascendante. La septième carte doit être placée en haut, à droite de la personne consultée, symétriquement par rapport à la première carte.

Voyons maintenant la signification de chaque carte. La première carte du tarot symbolise les influences du passé qui ont conduit à la situation actuelle. La seconde carte représente la personne qui consulte les cartes et sa situation actuelle. La troisième carte symbolise l'avenir en général, tant du point de vue de l'évolution du problème que du point de vue des possibilités qui y sont liées et que les cartes suivantes aborderont. La quatrième carte est également tournée vers l'avenir, suggérant la bonne stratégie à suivre, les pactes ou les alliances qu'il est préférable de conclure et les bonnes voies à emprunter.

La cinquième carte représente l'environnement dans lequel le consultant vit et l'attitude de son entourage, c'est-à-dire la position des membres de la famille, des amis ou des collègues par rapport au problème.

La sixième carte fait référence aux problèmes et aux obstacles qui peuvent survenir en essayant de trouver une solution à la situation actuelle. La septième carte montre l'avenir, ce qui va se passer dans la réalité et indique une direction pour la résolution du problème.

Roue de l'Année

La Roue de l'Année est un système de lecture qui utilise treize cartes, c'est-à-dire une pour chaque mois de l'année, plus une qui représente le thème de l'année à venir. Les Arcanes Majeurs sont utilisés pour ce système. Les cartes, après avoir été tirées comme nous l'avons vu dans les systèmes précédents, sont disposées de manière à former une roue. Ceci se fait en commençant par la première carte au sommet de la roue, tandis que la dernière carte est placée au centre de la roue.

Si l'espace disponible pour le tirage n'est pas assez grand, les cartes peuvent être disposées en ligne droite, en partant de la gauche et en allant vers la droite. Nous pouvons décider librement du moment de ce tirage, l'important étant que le moment choisi représente un nouveau départ, ou une transition. En ce sens, le début de l'année est parfait ! La Roue de l'année peut être utilisée à de nombreuses fins. Pourtant, en général, il est toujours préférable d'expérimenter, afin de trouver la meilleure utilisation possible.

Cependant, nous pouvons dire que ce système est utile à bien des égards, que voici...

Du point de vue de la planification.

Puisque ce projet nous indique comment se dérouleront les mois à venir, ainsi que les situations susceptibles de se produire, il s'agit d'un excellent moyen de planifier l'avenir. Néanmoins, il est toujours nécessaire se rappeler qu'il est question de possibilités et que seule notre volonté permet aux événements et aux désirs de se réaliser.

Dans la vie quotidienne.

Chaque carte nous donne un thème de réflexion, une attitude qu'il est bon d'avoir dans la vie de tous les jours, des conseils pratiques pour diverses situations. Cela inclut aussi des suggestions ou des messages à exploiter en cas de besoin, une indication sur la manière de concentrer ses énergies physiques et mentales, un aperçu du meilleur moment pour entamer une nouvelle expérience ou un nouveau projet.

Dans les affaires.

Nous pouvons nous inspirer des Arcanes du mois pour choisir les sujets à traiter de manière créative. Ainsi, il est possible d'établir et de planifier la manière de traverser les différentes périodes de l'année pour lancer de nouveaux services et produits au meilleur moment. Avec le temps et la pratique, l'amélioration sera de plus en plus évidente.

Pour atteindre une plus grande conscience.

Chaque Arcane indique une énergie spécifique qui, comme le vent, souffle en notre faveur et nous aide à poursuivre nos intentions. Comprendre quel type d'énergie est en jeu chaque mois est effectivement très utile pour planifier toutes les actions, aux meilleurs moments, lorsque tout est en notre faveur.

Pour le développement personnel et au niveau énergétique.

En considérant chaque carte comme une énergie spécifique, nous pouvons travailler sur soi-même pour s'y connecter, comprendre quelle partie de soi elle touche et quels blocages elle peut faire surgir puis dissoudre. Nous pouvons nous laisser guider et inspirer par cette énergie, par la suite, commencer à l'orienter vers les rêves qui sont contenus dans notre « tiroir secret » et les objectifs que nous souhaitons réaliser. Pour pouvoir expérimenter la Roue de l'Année de cette manière, il est indispensable d'entrer en contact profond avec chaque Arcane. C'est-à-dire, de se souvenir de son énergie et de s'y accorder, afin de la reconnaître dans sa vie quotidienne et de la diriger en toute conscience. C'est en quelque sorte une manière de faire entrer la magie dans sa vie, de se relier à la nature divine qui est en nous, dans le but de vivre pleinement chaque jour, avec la juste confiance en soi et dans les forces de l'univers.

Toutes les « façons » d'utiliser la Roue de l'Année sont liées entre elles et aucune n'exclut l'autre. Nous pouvons donc choisir en toute confiance la manière qui nous convient le mieux, en fonction de la situation présente.

— PARTIE II —

CHAPITRE 5 - Composition du Tarot

Voici le grand moment tant attendu, l'étude plus approfondie de la composition du jeu de Tarot. Il dispose d'une structure assez simple, mais il est bon de la connaître parfaitement avant de commencer la pratique de la divination. Il existe de nombreux jeux sur le marché, mais pour être considéré comme valable, un jeu doit posséder la structure et le nombre de cartes que nous allons décrire dans ces pages.

Le jeu se compose de...

78 cartes

qui se décomposent en 22 Arcanes Majeurs.

D'autres noms sont parfois données aux Arcanes, les clefs, les lames ou même les atouts.

À ces 22 Arcanes Majeurs s'ajoutent 56 Arcanes Mineurs,

constitués de 14 cartes,

réparties en 4 groupes,

Épée, Denier, Coupe et Bâton,

parmi lesquelles se trouvent 16 Honneurs.

Les Arcanes Majeurs.

Également appelés Triomphes, présentent des images de figures mythologiques, d'animaux et d'humains. Le Mat ne porte pas de numéro, les autres Arcanes et sont numérotés en chiffres romains, de I à XXI.

Ces Arcanes Majeurs, dans la divination, nous donnent une vue d'ensemble de la situation, nous aidant à comprendre comment nous sommes arrivés à un certain point dans la vie. En décrivant nos circonstances, notre psychologie et la façon dont nous agissons dans le monde, pour les comprendre.

Chaque Arcane a un certain nombre et une certaine couleur, et les figures sont représentées de manière à comprendre quelles sont les caractéristiques principales du consultant, ou comment il se comporte avec une autre personne.

Les Arcanes Mineurs.

Ils sont à leur tour divisés en 4 couleurs, dénommées Denier, Coupe, Épée et Bâton, et numérotés en chiffres romains, de I à X, et un Arcane Mineur est sans numéro.

Les Arcanes Mineurs permettent d'approfondir le sujet, de donner des réponses précises et d'aller droit au but. Ils sont liés à la numérologie, ainsi qu'à la couleur spécifique de la carte. Les figures, enfin, sont appelées Honneurs, car elles ont pour rôle d'honorer une partie de notre personnalité, qui a assumé un rôle spécifique. Grâce aux chiffres, nous pouvons comprendre qui nous aide à assumer un certain rôle dans la vie, par exemple quel est notre talent, ou quel est notre poste de travail idéal.

Il est dit que les Arcanes Mineurs correspondent à ceci
Épée pour l'esprit,
Denier pour la matière,
Coupe pour les émotions et
Bâton pour l'expérience.

Enfin, parmi ces Arcanes Mineurs, il y a 16 figures, également appelées Cartes d'Honneur ou Cartes de Cour, représentant le Valet, la Reine, le Roi et le Cavalier. Ces figures sont également divisées en fonction des quatre dénominations. Reine d'Epée, Roi de Denier, Cavalier de Bâton, etc.

Description des Arcanes Majeurs

La description de chaque carte contient deux parties. La première, prépondérante, est la signification lorsque la carte se présente à l'endroit, et la seconde donne l'arcane « inversé ». Nous reviendrons, bien évidemment, plus amplement sur cette notion d' « inversé », et de clé d'interprétation, la première étape étant les descriptions détaillées que voici...

Le Magicien, ou le Bateleur - I

Le Magicien est un homme vêtu d'une robe rouge et blanche. Il tient dans sa main droite une baguette pointée vers le ciel, tandis que son bras gauche est tendu, l'index pointé vers le sol.

Devant lui, sur une table, se trouvent les quatre outils de l'art magique, à savoir un Bâton, une Épée, un Denier et une Coupe. La scène est éclairée par une lumière dorée qui brille derrière lui, tandis qu'une végétation luxuriante et des fleurs complètent l'image.

Cet Arcane est la représentation d'une personne dotée de dons créatifs et d'intelligence, capable d'utiliser tous les outils à sa disposition pour atteindre ses objectifs.

Le magicien est son propre maître et tout ce qu'il fait est en accord avec sa volonté. Il n'agit pas au hasard, il n'est pas guidé par l'instinct. Ce qui l'anime, c'est la raison, qu'il utilise pour planifier l'avenir.

Le Magicien inversé

Mot Clé - Blocage des talents, manque de maîtrise.

Signification - Difficulté à canaliser les compétences et les ressources. Manque de confiance ou de concentration. Les projets peuvent être entravés ou les actions mal dirigées.

La Papesse - II

La Papesse est une prêtresse, debout sur une chaise en pierre. La figure est placée entre deux piliers, l'un blanc et l'autre noir. Sur le pilier noir, se trouve la lettre B, tandis que sur le pilier blanc, se trouve la lettre J.

Par ailleurs, derrière le personnage, un rideau cache la vue du paysage, d'où nous pouvons cependant apercevoir dc l'eau, tandis qu'à ses pieds, se trouve un croissant de lune.

La papesse porte une robe souple de couleur bleu clair et blanc, et sur ses genoux se trouve un rouleau portant l'inscription TORA. Elle porte également une coiffe composée de deux faucilles sur les côtés et d'un cercle sur le devant, tandis qu'une croix est visible sur la poitrine de la prêtresse.

Cette carte est la représentation de la connaissance occulte et du pouvoir de l'intuition, et tire son pouvoir de l'eau et de la lune. Grâce à la sagesse qui y est présente, il est possible d'anticiper l'avenir et de percevoir des choses cachées. La prêtresse n'agit pas au niveau matériel, mais dans la psyché, plus profondément. Elle est distante et calme, et sait attendre le bon moment pour agir, avec une pureté intérieure qui lui permet d'être libérée des émotions négatives.

La Papesse inversé

Mot Clé - Blocage de l'intuition, secrets révélés.

Signification - L'intuition est ignorée ou mal utilisée. Les secrets peuvent être révélés ou des informations cachées émergent. Besoin d'explorer et de faire confiance à sa sagesse intérieure.

L'Impératrice - III

L'impératrice est une figure féminine au corps voluptueux et au visage serein, vêtue d'une douce robe ornée de grenades. Au-dessus de sa tête, elle est entourée d'une couronne de laurier, surmontée de douze étoiles à six branches. À sa gauche, à l'intérieur d'un bouclier en forme de cœur, nous pouvons distinguer le symbole de la planète Vénus, tandis qu'au premier plan, nous pouvons voir un champ de blé et, à l'arrière-plan, une végétation riche et luxuriante. Cet Arcane est le symbole de la force créatrice de la nature et d'une féminité chaleureuse, forte et consciente de son pouvoir, capable d'apporter guérison et énergie. En tant que mère, elle donne la vie et la protège, tandis qu'en tant que déesse de l'amour, elle est une amante passionnée et chaleureuse. Toutes les sortes de projets créatifs seront protégées et stimulées par son énergie.

L'Impératrice inversé

Mot Clé - Blocage de la créativité, déséquilibre féminin.

Signification - La créativité est restreinte ou mal canalisée. Un déséquilibre émotionnel ou une négligence de soi peut être présent. Nécessité de nourrir la féminité intérieure et de retrouver l'harmonie.

L'Empereur - IV

L'empereur est un homme assis sur un trône de pierre orné d'une tête de bélier. Il porte une robe rouge sous laquelle on peut voir une armure, une longue barbe et des cheveux blancs. Il tient dans sa main gauche un orbe et dans sa main droite un sceptre en forme de T, surmonté d'un cercle. Sur sa tête, se trouve une couronne avec des cercles rouges et blancs. Le paysage derrière lui est aride et montagneux, avec le rouge comme couleur dominante.

Cette carte symbolise un homme de pouvoir, et contrairement à la Papesse qui possède un pouvoir spirituel, il s'agit dans ce cas d'un pouvoir terrestre, englobant le monde matériel, composé de choses et de personnes. L'Empereur a acquis la maîtrise de soi grâce à sa grande expérience. Son influence sur les autres est considérable, c'est un leader et il possède une grande force intérieure.

L'Empereur inversé

Mot Clé - Autorité abusive, manque de structure.

Signification - Un abus de pouvoir ou un manque de leadership clair peut être présent. Le manque de structure ou de discipline peut causer des problèmes. Nécessité d'équilibrer l'autorité avec la compassion.

Le Pape - V

Le pape est un personnage masculin, assis sur un trône de pierre entre deux piliers. Il a un regard fixe et une expression solennelle sur le visage. Il porte des vêtements de cérémonie et une tiare sur la tête. De la main gauche, il tient une croix papale, c'est-à-dire un long bâton à trois croix, tandis que de la main droite, il distribue des bénédictions. Sur l'image, au premier plan, deux disciples lui font face, tandis qu'entre eux se trouvent, croisées, deux grandes clés pointées vers le haut. Cet Arcane symbolise le pouvoir spirituel non pas d'un point de vue ésotérique, mais plutôt dans l'aspect orthodoxe et la force de la tradition. Il indique une personne qui a la fonction d'enseignant ou de guide, et qui possède un savoir qui s'est formé au fil du temps.

Son but n'est pas de créer, mais plutôt d'expliquer, de transmettre et d'éclairer.

Il est difficile de le trouver seul, car le sens le plus profond de son existence se réalise dans sa relation avec les disciples.

Le Pape inversé

Mot Clé - Résistance aux traditions, conflits spirituels.

Signification - La remise en question des croyances et des traditions, surtout religieuses. Conflits intérieurs sur la spiritualité. Besoin d'explorer sa propre voie et de trouver l'harmonie entre les normes établies et la vérité personnelle.

L'Amoureux - VI

La carte de l'Amoureux représente deux personnages nus dans le Jardin d'Éden. L'homme regarde la femme qui, elle, regarde vers le haut en direction d'un ange aux bras et aux ailes déployés. Derrière l'homme, se trouve un arbre enveloppé de flammes, tandis que derrière la femme, se trouve un arbre fruitier sur lequel est enroulé un serpent. Au loin, à l'arrière-plan, on aperçoit un seul sommet de montagne, au-dessus duquel brille le soleil.

Cette carte nous rappelle la force de l'amour, qu'il s'agisse d'une idée, d'une personne ou de tout objectif qui nous touche et nous enthousiasme. Devant l'amour véritable, il faut être nu, c'est-à-dire authentique et sincère, prêt à se donner complètement. Ce faisant, l'énergie inépuisable nous poussera vers le haut, vers l'ange de la figure, qui représente la meilleure partie de nous-mêmes.

Le choix de s'abandonner à l'amour exige aussi de ne pas céder à la peur, mais de suivre ce que le cœur désire vraiment. L'enseignement que cet Arcane veut nous donner est que seul un choix courageux permet d'atteindre le vrai bonheur.

L'Amoureux inversé

Mot Clé - Indécision, désaccord, choix difficiles.

Signification - Obstacles dans les relations et les décisions importantes, conduisant à des conflits internes et à des erreurs de jugement. Reconsidérer les choix et clarifier les intentions est essentiel.

Le Chariot - VII

Cette carte représente un char tiré par deux sphinx, l'un noir et l'autre blanc.

Au-dessus, nous pouvons voir un jeune guerrier en armure, tenant un sceptre dans la main droite et regardant droit devant lui.

Il porte de nombreux symboles, notamment un carré sur la poitrine, une couronne de laurier sur la tête, surmontée d'une étoile à huit branches. Puis une ceinture ornée de symboles astronomiques, ainsi que deux croissants de lune sur les épaules.

Le chariot semble fait de pierre et il est recouvert de voiles bleus, avec des images d'étoiles à six branches.

En arrière-plan, nous pouvons voir un château ou une ville fortifiée.

Cet Arcane symbolise la victoire que nous pouvons obtenir grâce à un engagement constant, une autodiscipline, un effort soutenu et une action énergique.

Il indique qu'il est temps d'agir de manière décisive et rapide, en s'attaquant aux problèmes et en poursuivant des objectifs avec confiance et détermination. Le voyage que fait le char représente le chemin qui mène d'un point, l'état dans lequel vous vous trouvez, à un autre, qui est votre objectif.

Le Chariot inversé

Mot Clé - Perte de contrôle, obstacles sur le chemin.

Signification - Manque de direction ou de maîtrise des circonstances. Les obstacles peuvent entraver la progression. Nécessité de retrouver la volonté et de surmonter les défis pour avancer avec confiance et détermination.

La Force - VIII

Cette carte présente deux personnages, un lion et une jeune fille. Cette dernière est vêtue de blanc et des guirlandes de fleurs ornent sa tête, tandis qu'au-dessus d'elle, se trouve le symbole de l'infini.

Dans ses mains, se trouvent les mâchoires du lion, qui ne semble pas agressif, et sur le fond jaune se détache un sommet de montagne. Cet Arcane symbolise deux types de force. La force spirituelle, symbolisée par la jeune fille, et la force brute, présente dans le lion. La force spirituelle triomphe de la force matérielle et se révèle plus puissante. Cette carte nous apprend à dominer nos instincts par la patience, la maîtrise de soi et la douceur. Elle ne représente donc pas une force agressive, qui frappe à l'extérieur, mais la force de l'âme qui permet de résister aux tentations et de combattre ses démons.

La Force inversé

Mot Clé - Faiblesse intérieure, manque de courage.

Signification - Confiance en soi est ébranlée, le courage vacille. Besoin de trouver la force intérieure pour faire face aux défis. Réflexion sur la maîtrise de soi et l'acceptation des vulnérabilités pour retrouver la puissance.

L'Ermite - VIX

L'ermite est un vieil homme à la barbe blanche, debout au sommet d'un pic enneigé. Il a la tête tournée vers le bas, s'appuie de la main gauche sur un bâton jaune et tient de la main droite une lanterne dans laquelle brille une étoile à six branches.

Le ciel au-dessus de lui est plombé. Cette carte nous présente une personne âgée qui est parvenue à la sagesse par la réflexion et l'étude, qui n'a aucun désir pour les biens matériels et qui vit une existence simple et solitaire. Il se déplace prudemment et lentement, voire pas du tout.

S'il est pauvre matériellement, son profil spirituel est extrêmement riche, ce qui fait de lui un guide et un phare pour ceux qui savent l'écouter.

L'Ermite inversé

Mot Clé - Isolement excessif, peur de la solitude.

Signification - Retrait excessif du monde extérieur, peur de l'isolement. Besoin de trouver un équilibre entre le besoin de solitude et la connexion sociale. Recherche de conseils extérieurs et de sagesse pour sortir de l'isolement.

La Roue de la Fortune - X

L'image de cette carte nous présente une roue, flottant dans l'air au milieu des nuages. Au-dessus d'elle, nous pouvons voir les lettres hébraïques Yod He et Vau He, les lettres T, A, R, O, ainsi que divers symboles alchimiques. Sous la roue, se trouve une créature rouge, au-dessus, un sphinx bleu portant une épée, et à gauche, à côté, un serpent pointant vers le bas.

Aux quatre coins de l'image, se trouvent un aigle, un homme, un lion et un taureau, tous sont dotés d'ailes.

Cet Arcane symbolise le destin et les éléments impondérables qui agissent sur la vie et échappent au contrôle de l'homme. La nature de la roue la poussant à tourner, elle représente l'alternance perpétuelle des cycles de la vie.

La leçon que cette carte peut nous enseigner est d'accepter le changement constant et de faire confiance au dessein cosmique dans lequel toutes les vies humaines ne sont que des fragments.

La Roue de la Fortune inversé

Mot Clé - Blocage du destin, cycles stagnants.

Signification - Destin en suspens, les cycles ne progressent pas. Manque de chance ou de mouvement. Nécessité de s'adapter au changement et de saisir les opportunités pour rétablir l'élan et la progression

La Justice - XI

Justice est une figure féminine assise sur un trône de pierre, placé entre deux colonnes du même matériau, avec un regard sévère. Elle porte un manteau vert et une robe rouge, dans sa main gauche, elle tient une paire de balances, tandis que dans sa main droite, elle tient une épée, pointée vers le haut.

Sur la couronne de sa tête, se trouve un carré bleu, tandis qu'au centre de sa poitrine, se trouve un petit cercle rouge. La Justice est la force qui agit pour que chaque individu subisse les conséquences de ses actes, en bien ou en mal. La balance indique que les conséquences doivent être proportionnelles aux actes accomplis, tandis que l'épée est le symbole de la rigueur et de la sévérité du jugement.

Cet Arcane nous rappelle que tôt ou tard, tous les actes sont observés et qualifiés. Ceux qui sont en paix avec leur conscience peuvent trouver du réconfort dans la balance, tandis que ceux qui ont commis de mauvaises actions devront affronter la lame de l'épée.

La Justice inversé

Mot Clé - Déséquilibre, injustice, décisions biaisées.

Signification - Les décisions peuvent être injustes ou déséquilibrées. Manque de responsabilité et de vérité. Nécessité de réévaluer les choix et les actions pour restaurer l'équité et l'intégrité.

Le Pendu - XII

Cette carte nous présente un jeune homme attaché à l'envers à un arbre en forme de T.

Les mains sont placées derrière le corps, la tête semble rayonner d'un halo de lumière, tandis que la jambe gauche est croisée derrière la droite. L'arrière-plan de l'image est un ciel gris et plombé.

Le pendu est celui qui s'est volontairement soumis à un processus d'initiation dont il sortira transformé, par la douleur et le sacrifice, un nouvel individu naîtra.

Il est immobilisé, et doit accepter tout ce que l'univers lui apporte, c'est-à-dire la pluie, le froid et la souffrance, mais c'est par cette acceptation qu'il parviendra au renouvellement de sa propre personne. Même si nous ne pouvons pas agir sur l'extérieur, nous pouvons toujours travailler sur notre esprit, c'est l'enseignement de cet Arcane.

Le Pendu inversé

Mot Clé - Résistance au sacrifice, stagnation.

Signification - Refus de lâcher prise et d'accepter les sacrifices nécessaires. Sentiment d'être bloqué ou suspendu. Besoin d'abandonner les attentes et de trouver un nouvel équilibre pour libérer l'évolution et le progrès.

La Mort, parfois Arcane Sans Nom - XIII

La Mort est un squelette portant une armure noire et chevauchant un cheval blanc. Dans sa main droite, elle tient un drapeau représentant une fleur à cinq pétales.

Devant elle, deux enfants et un prêtre aux mains jointes, et sur le sol, le corps allongé d'un roi. Le paysage à l'arrière-plan montre un bateau qui navigue sur une rivière et deux tours au milieu desquelles le soleil brille.

Cet Arcane symbolise la fin d'une situation et indique que ce n'est pas le moment de construire, mais plutôt de détruire. Qu'on le veuille ou non, le changement arrive et il faut être prêt à laisser derrière soi tout ce qui n'est pas essentiel.

Il faut accepter l'inévitable, ne pas rester lié aux fantômes du passé et avoir confiance en une renaissance future.

La Mort inversé

Mot Clé - Résistance au changement, stagnation.

Signification - Peur du changement ou refus de la transformation nécessaire. Stagnation et résistance à la croissance personnelle. Nécessité de lâcher prise et de permettre aux cycles de mort et de renaissance de se dérouler.

La Tempérance - XIV

Un ange vêtu d'une tunique blanche verse un liquide qui s'écoule en diagonale d'une coupe à l'autre. Sur son front, l'ange porte un petit cercle avec un point au centre, tandis que sur sa poitrine, se trouve un triangle, à l'intérieur d'un carré blanc, dont le sommet est dirigé vers le haut.

Le pied droit du personnage est immergé dans l'eau, au premier plan, tandis qu'à l'arrière-plan, un chemin mène vers des montagnes lointaines, derrière lesquelles le soleil se lève.

Cet Arcane apporte purification et protection, harmonie et équilibre et ses vertus sont la prudence et la modération. La carte nous enseigne que parfois la bonne approche est la douceur et non la force. De plus, le fait de verser le liquide d'une tasse à l'autre représente une opportunité de réconcilier des énergies qui sont en désaccord. C'est un moment propice pour intégrer et mettre en synergie des situations, des personnes et des opportunités.

La Tempérance inversé

Mot Clé - Déséquilibre, impulsivité.

Signification - Manque d'harmonie et de modération. Les énergies sont déséquilibrées ou mal canalisées. Besoin de trouver un juste milieu, d'exercer la patience et de cultiver l'harmonie intérieure pour atteindre l'équilibre et la guérison.

Le Diable - XV

Cette carte montre une femme et un homme, enchaînés et nus, devant le Diable. Les chaînes semblent toutefois assez larges pour permettre de s'échapper. L'homme porte une queue enflammée, tandis que la queue de la femme se termine par une grappe de raisin, et tous deux ont des cornes sur la tête.

Le Diable est représenté avec de grandes cornes de chèvre et des ailes de chauve-souris, sa main gauche tient une torche dont la flamme est dirigée vers le bas, tandis que sa main droite est levée. Au-dessus de sa tête, se trouve une étoile renversée à cinq branches, et le fond de la carte est noir.

Cet Arcane représente toutes les chaînes qui nous privent de liberté et nous rendent prisonniers. Le diable est l'ennemi qui se présente dans notre vie à travers les obstacles, les personnes malveillantes et les problèmes.

La plupart du temps, cependant, l'ennemi est en nous, car nous maîtrisons nous-mêmes notre courage et nourrissons nos peurs.

C'est nous qui nous rendons dépendants et esclaves de personnes, de substances et de pensées négatives. Cependant, nous devons nous rappeler qu'il est toujours possible de s'échapper de cette prison si nous parvenons à garder confiance en nous.

Le diable inversé

Mot Clé - Libération, rétablissement du pouvoir.

Signification - Évasion des pièges et des attachements malsains. Retrouver le pouvoir personnel et rompre les liens négatifs. Transformation des peurs et des désirs malsains afin de retrouver la liberté et l'autonomie.

La Tour, parfois nommé La Maison Dieu - XVI

L'image de cette carte représente un pic montagneux, au sommet duquel se trouve une tour de pierre, qui est frappée par la foudre, laquelle frappe son sommet, constitué d'une couronne.

Nous pouvons apercevoir trois fenêtres d'où s'échappent des flammes ainsi que deux personnes, dont l'une avec une couronne sur la tête, tombent ensemble en piqué. En arrière-plan, nous voyons un ciel noir sur lequel s'élèvent des nuages de fumée grise, et de petites étincelles percent l'obscurité.

Cet Arcane symbolise le changement soudain, la destruction

soudaine et inattendue du mode de vie auquel nous étions habitués. Ce qui semblait jusqu'alors sûr et solide se révèle fragile et les défenses s'effondrent. Il faut trouver une autre vie à mener et un autre lieu à habiter.

Il faut cependant trouver le côté positif de la situation, car ce qui est détruit laisse toujours la place à quelque chose de nouveau.

La plus grande épreuve sera d'affronter le changement sans se laisser submerger.

La Tour inversé

Mot Clé - Évitement du bouleversement, résistance au changement.

Signification - Refus d'affronter les changements nécessaires. Les situations instables perdurent. Nécessité de faire face aux crises inévitables pour permettre une transformation libératrice et un renouveau.

L'Étoile - XVII

Une jeune fille nue verse de l'eau de deux amphores sous un ciel étoilé. L'amphore gauche se déverse sur le sol, l'amphore droite dans une mare d'eau. Le corps de la jeune fille est penché, le pied droit juste au-dessus de la surface de l'eau. Il y a huit étoiles dans le ciel, qui ont toutes huit pointes. L'une d'entre elles est très grande et jaune. À l'arrière-plan, nous pouvons voir un arbre avec une créature ailée sur une colline à droite.

Cet Arcane éclaire et guide le chemin, avec une influence inspirante et bénéfique. Il nous indique que c'est un moment propice pour rêver, visualiser, et que nos actions doivent être pures et inspirées par de grands idéaux. L'eau dans l'image symbolise le renouveau et la purification, nous pouvons être sûrs que l'univers est de notre côté.

L'Étoile inversé

Mot Clé - Perte de foi, désespoir.

Signification - La foi et l'espoir sont ébranlés. Période de doute et de découragement. Nécessité de retrouver la confiance et de croire en de meilleurs jours. L'optimisme et la guérison sont possibles avec un regain de foi.

La Lune - XVIII

Sur l'image, un loup et un chien, au premier plan, hurlent à la lune. Un crustacé émerge d'une mare d'eau, également face à la lune, tandis qu'un chemin serpente dans un paysage illuminé, passant entre des piliers de pierre, puis se perdant sur une montagne sombre. Des larmes de lumière sont visibles dans le ciel bleu, tandis que le visage de la lune, éploré ou triste, répand ses rayons sur la scène.

La Lune, symbolise la magie, l'illusion, le rêve, la poésie, l'imagination et la nuit. Sous la lumière de la Lune, les choses ne sont pas vues clairement, elles n'apparaissent différemment que pendant le jour, d'une manière à la fois plus étrange et plus fascinante. Cet Arcane suggère qu'il est bon de ne pas se déplacer à la lumière du Soleil, mais de le faire de manière plus indirecte et cachée. Il indique par ailleurs un individu séduit, envoûté ou fasciné par quelqu'un qui est à l'origine de cette fascination.

La Lune inversé

Mot Clé - Illusions, confusion émotionnelle.

Signification - Les émotions peuvent être troublées ou mal comprises. Les illusions et les peurs irrationnelles peuvent prévaloir. Besoin de trouver la clarté émotionnelle et de faire confiance à son intuition pour dissiper les illusions et trouver l'équilibre.

Le Soleil - XVIX

L'image est dominée par un Soleil anthropomorphe, qui émet dix rayons courbes et onze rayons droits. Au premier plan, nous pouvons voir un enfant, nu, portant une couronne et une plume rouge sur la tête, monté sur un cheval blanc. Dans sa main gauche, il tient une bannière orange, tandis que derrière lui, nous pouvons apercevoir des tournesols et un mur de pierre.

Cet Arcane indique le succès et la victoire, symbolisant une grande énergie positive.

Il faut agir, être proactif et extraverti, tout faire au grand jour pour récolter les honneurs, la gloire et la reconnaissance.

Le Soleil inversé

Mot Clé - Perte de vitalité, manque de clarté.

Signification - La vitalité et la joie de vivre peuvent être altérées. Manque de clarté et d'énergie positive. Nécessité de retrouver l'optimisme et la confiance pour éclairer le chemin vers la croissance et le bonheur.

Le Jugement - XX

Un immense ange dans le ciel souffle dans une trompette à laquelle est attaché un drapeau représentant une croix rouge aux bras égaux. Des femmes, des hommes et des enfants, aux corps gris, sortent de tombes ou de sarcophages. À l'arrière-plan, nous pouvons voir des montagnes enneigées et des arbres, tandis qu'au centre de l'image se trouve de l'eau. Cet Arcane nous incite à une nouvelle vie, nous rappelant qu'il n'est jamais trop tard pour renaître et recommencer. Nous pouvons apprendre de ses erreurs, laisser le passé derrière soi et avancer vers une vie pleine de sens.

Le jugement inversé

Mot Clé - Résistance au réveil, déni de responsabilité.

Signification - Refus de faire face à la vérité et de prendre ses responsabilités. Résistance au réveil spirituel. Nécessité d'accepter les conséquences de ses actions pour une transformation profonde et une rédemption.

Le Monde - XXI

L'image nous présente une gracieuse figure féminine, partiellement enveloppée dans une bande de tissu violet, qui laisse ses jambes et ses seins découverts. Elle tient dans ses mains des baguettes blanches, entourées d'une guirlande ovale.

Aux quatre coins de l'image, des têtes d'homme, d'aigle, de lion et de taureau émergent de nuages blancs, tandis que le fond est bleu.

Cette carte représente la réalisation, l'achèvement, l'aboutissement d'un projet.

Il nous montre que le moment est venu de faire la fête, de savourer pleinement l'instant présent, de partager les cadeaux que l'univers nous a offerts.

Le monde inversé

Mot Clé - Inachèvement, blocage des accomplissements.

Signification - Les objectifs ne sont pas atteints ou restent incomplets. Des obstacles entravent la réalisation et la satisfaction. Nécessité de surmonter les blocages pour conclure les cycles et trouver l'épanouissement.

Le Mat - Arcane sans numéro

Le Mat est un jeune homme, vêtu de haillons, qui marche vers un précipice. Il a la tête tournée vers le haut et les bras écartés. Il porte un bâton au bout duquel pend un fagot, tandis que dans sa main gauche, il tient une fleur blanche. Un petit chien blanc l'accompagne et le soleil brille au-dessus de lui. Cette carte représente un individu sur le point de faire quelque chose de nouveau, dont l'événement peut le mener dans n'importe quelle direction. La fraîcheur et l'innocence de son attitude le mettent à l'abri du danger. Le choix d'aller vers quelque chose d'inconnu n'est pas fait par la raison, mais plutôt par l'esprit et l'instinct qui le guident.

Le Mat inversé

Mot Clé - Risque imprudent, manque de direction.

Signification - Méfiance face aux impulsions, besoin de prudence, risques inconsidérés. L'individu peut être imprévisible ou ignoré des conséquences.

Description des Arcanes Mineurs et des Honneurs

— Bâton —

As de Bâton

Du point de vue du Bâton, l'As représente l'arrivée d'une forte énergie créatrice dans la vie d'une personne. Il indique que c'est le moment idéal pour commencer de nouvelles aventures à vivre avec courage, vigueur et confiance.

Cet Arcane symbolise la force, l'énergie vitale et la bonne santé, et suggère qu'il est temps d'agir.

As de Bâton inversé

Mot Clé - Manque d'énergie, stagnation des projets, manque de motivation.

Signification - La motivation et l'élan sont absents. Les projets restent bloqués ou ne se concrétisent pas. Besoin de retrouver la passion et de surmonter les obstacles pour raviver la créativité et la progression.

Deux de Bâton

Cette carte symbolise une personne qui a réussi à atteindre un statut social élevé grâce à son travail acharné et à son engagement. Les qualités à cultiver à cette époque sont la constance et la discipline, car ce n'est qu'en contrôlant sa propre nature que nous pouvons dominer le monde extérieur.

Il faut créer une base stable sur laquelle vivre et ensuite exercer son pouvoir, sur le plan comportemental en choisissant des habitudes positives, sur le plan mental en s'accrochant à des convictions fermes.

Deux de Bâton inversé

Mot Clé - Indécision, manque de planification.

Signification - Hésitation et incertitude dans la prise de décisions. Manque de vision à long terme et de planification. Nécessité de trouver la clarté et de prendre des mesures pour avancer avec confiance.

Trois de Bâton

Cette carte est favorable aux affaires, au commerce et à tout ce qui implique des échanges de quelque nature que ce soit ou des voyages. Cet Arcane nous dit que ce n'est pas le bon moment pour se consolider, mais plutôt pour s'étendre, en cherchant de nouveaux chemins. Cependant, il ne faut pas agir seul, mais rechercher l'aide et la synergie d'autres personnes et d'autres situations.

Des coups de chance peuvent se produire, comme le fait de se trouver au bon endroit au bon moment, ou de trouver la bonne personne qui peut nous aider.

Trois de Bâton inversé

Mot Clé - Obstacles et retard dans la réalisation des projets.

Signification - Manque de vision claire, frustration, échec temporaire, nécessité d'ajuster les attentes et de réévaluer les plans.

Quatre de Bâton

Cette carte représente un moment de célébration d'un succès obtenu, et la paix, le contentement et l'harmonie imprègnent l'image. Il ne faut pas oublier que le succès est obtenu grâce à l'aide collective et qu'il profite à l'ensemble de la communauté, lui apportant honneur et gloire.

Cet Arcane peut aussi indiquer le début ou la suite heureuse d'une histoire d'amour.

Quatre de Bâton inversé

Mot Clé - Instabilité et perturbation dans les fondements et la stabilité.

Signification - Difficultés dans les relations familiales ou les célébrations, désordre ou conflit domestique, manque d'harmonie et de sécurité dans le foyer ou les projets à long terme.

Cinq de Bâton

La carte suggère qu'il faut être prêt à se battre pour atteindre ses objectifs, et que les obstacles que nous rencontrons sur le chemin proviennent le plus souvent d'autres personnes, plutôt que de la nature du défi. Il peut y avoir des querelles, des désaccords et des malentendus, et quelqu'un peut se mettre en travers de notre chemin. Cependant, il faut considérer que ces difficultés ne sont pas insurmontables, qu'elles sont plus gênantes que dangereuses, et qu'elles doivent être considérées comme des épreuves qui mettent à l'épreuve la détermination et la persévérance.

Il ne faut pas prêter trop d'attention aux jalousies et aux envies des autres, mais continuer sur son propre chemin.

Cinq de Bâton inversé

Mot Clé - Apaisement des conflits et des rivalités.

Signification - La résolution des désaccords, la fin des luttes ou des compétitions acharnées. Un retour à la paix, à l'harmonie et à la collaboration après une période turbulente.

Six de Bâton

Cette carte montre un chevalier couvert d'honneurs après une victoire importante.

Du point de vue de la couleur, le six représente une grande réussite, notamment dans les domaines juridique, sportif, de la santé et des affaires. Ce succès n'est pas dû à l'aide des autres ou à la chance, mais au courage et à l'engagement de l'individu.

Dans cette position, vous pouvez influencer positivement les autres par votre exemple, en leur transmettant inspiration et enthousiasme.

Six de Bâton inversé

Mot Clé - Perte de confiance et de succès.

Signification - Les victoires et la reconnaissance peuvent échapper, la confiance en soi peut être ébranlée. Difficultés à maintenir la position ou la renommée précédente, besoin de retrouver l'estime de soi et de surmonter les obstacles.

Sept de Bâton

Cet Arcane suggère qu'il est temps de croire en soi et en ses rêves, et qu'il faut être prêt à se battre pour les réaliser. La route sera semée d'ennemis et d'obstacles, et il faut avoir le courage de ne pas céder et d'avancer résolument vers le succès.

Il faut puiser dans ses réserves intérieures pour développer sa ténacité et sa foi. Il faut choisir entre se battre ou abandonner, et cette carte invite au combat.

Sept de Bâton inversé

Mot Clé - Manque de résistance et de persévérance.

Signification - La confiance vacille, les obstacles semblent insurmontables. Difficulté à défendre ses convictions ou à maintenir sa position. Un besoin de renforcer la détermination et de retrouver la force intérieure pour affronter les défis.

Huit de Bâton

Cet Arcane indique qu'une nouvelle est en route, qui peut entrer dans notre vie par le biais de courriels, d'appels téléphoniques ou de rencontres chanceuses. Une importance particulière doit être accordée à la communication, qui doit être efficace et opportune, afin de saisir toutes les opportunités.

Le conseil est d'agir avec légèreté et rapidité, en profitant de l'instant présent sans réfléchir à ce que cela pourrait donner.

Huit de Bâton inversé

Mot Clé - Ralentissement et stagnation de l'élan.

Signification - Les projets ou les communications rencontrent des retards ou des obstacles. Manque de progression rapide, sentiments d'impatience ou de frustration. Une période d'attente et de patience est nécessaire avant de reprendre l'élan et d'avancer.

Neuf de Bâton

Cette carte représente la réalisation d'une position ferme, solide et bien protégée.

Les succès obtenus ne risquent pas d'être remis en question. En effet, ils reposent sur des bases solides qui alimentent la vie, notamment dans les domaines de la santé, de la prospérité et du travail. Cet Arcane nous conseille de privilégier la stabilité, en renforçant les éléments centraux de notre vie, sans viser la nouveauté. Nous devons profiter pleinement de tout ce qui découle de notre situation actuelle.

Neuf de Bâton inversé

Mot Clé - Fragilité et manque de résistance.

Signification - Épuisement ou découragement face aux obstacles. Les limites personnelles sont atteintes, la confiance est ébranlée. Il est important de prendre soin de soi, de se reposer et de se ressourcer avant de poursuivre.

Dix de Bâton

Cette carte représente un homme, le dos courbé et la tête baissée, qui s'apprête à porter un lourd fardeau. Il s'agit d'un moment où il faut faire un grand effort ou supporter une situation particulièrement lourde. Il n'est pas possible d'échapper à ses responsabilités, il est donc préférable d'accepter la réalité et de faire de nécessités... vertus.

Le chemin de la croissance personnelle passe aussi par ces situations.

Dix de Bâton inversé

Mot Clé - Surcharge et épuisement.

Signification - Le fardeau devient trop lourd à porter. Sentiment d'oppression, de stress ou de surmenage. Il est essentiel de déléguer, de se libérer des responsabilités excessives et de trouver un équilibre pour éviter l'épuisement total.

Valet de Bâton

Cette carte combine le symbolisme de l'Arcane de Bâton avec celui de la figure du Valet. L'image représente un individu avec un fort désir de croissance, nourrissant constamment de nouvelles stimulations.

Il possède de l'enthousiasme et de la vigueur, il est potentiellement expansif, généreux et a un grand désir d'impliquer les autres dans ses aventures.

Comme tous les valets, il doit apprendre à maîtriser sa nature et à grandir, mais cela peut être à la fois un défaut et un don, selon les circonstances.

Le potentiel peut se manifester dans n'importe quel domaine, même s'il est préférable de suivre une voie qui permet d'entrer en contact avec les gens, dont nous pouvons être le leader.

Valet de Bâton inversé

Mot Clé - Immaturité et manque d'initiative.

Signification - Manque de motivation, de confiance en soi ou de compétence pour entreprendre de nouvelles actions. Besoin de développement personnel et d'apprentissage pour acquérir les compétences nécessaires à la réalisation des projets.

Cavalier de Bâton

Cette carte combine le symbolisme de la couleur de Bâton avec celui de la figure du chevalier.

L'image représente un individu dont le chemin de croissance est bien entamé, mais qui n'est pas encore totalement achevé. Il maîtrise déjà de nombreux aspects de sa personne liés à l'élément feu, tels que l'enthousiasme, la vigueur, la passion et la tendance à l'action.

Grandir n'est cependant pas sans risque, car ils peuvent être colériques, irritables et peu tolérants.

Son enthousiasme peut alors se transformer en fanatisme, ou s'éteindre comme une traînée de poudre, ne consommant qu'une énergie précieuse.

Cavalier de Bâton inversé

Mot Clé - Impulsivité et manque de direction.

Signification - Les actions sont désorganisées ou motivées par des impulsions sans réflexion. Perte de motivation ou d'élan. Nécessité de trouver une direction claire et de canaliser l'énergie de manière constructive pour atteindre les objectifs.

Reine de Bâton

Cette carte combine le symbolisme de la couleur de Bâton avec celui de la figure de la reine.

L'image indique une femme forte, indépendante et compétente, capable d'aider les autres et de leur servir d'exemple. C'est un leader né, inspirant et généreux qui donne aux autres le sentiment d'être protégés.

Son pouvoir est le feu, qui est capable de réchauffer et d'éclairer, et grâce à cette énergie, elle est capable d'inspirer confiance à ceux qui l'entourent et de leur remonter le moral. Attention, toutefois, le feu peut aussi brûler, et la reine des Bâtons est capable d'incinérer ses ennemis par son courage et sa force ardente. Ses qualités sont particulièrement présentes dans le domaine des affaires, et elle aime l'action, car elle a du mal à rester immobile.

Reine de Bâton inversé

Mot Clé - Contrôle excessif et déséquilibre émotionnel.

Signification - La passion ou l'ambition peuvent devenir étouffantes. Difficulté à exprimer sa créativité ou à gérer les responsabilités. Il est nécessaire de lâcher prise, de retrouver l'équilibre émotionnel et d'adopter une approche plus souple et détendue.

Roi de Bâton

Cette carte combine le symbolisme de la couleur de Bâton avec celui de la figure du roi.

Le pouvoir du roi des bâtons provient de l'élément du feu, qu'il est capable de dominer, en minimisant les caractéristiques négatives et en renforçant les caractéristiques positives.

L'image indique un travailleur acharné, entreprenant et dynamique, qui sait se tourner vers l'avenir et trouver une vision pour susciter l'inspiration chez lui et chez les autres.

Il est l'archétype du leader, généreux, charismatique et extraverti, enclin à affronter les problèmes avec courage et force. Son pouvoir lui permet de vaincre ses ennemis, mais il l'utilise avec beaucoup de prudence, ayant atteint un équilibre intérieur qui lui permet de limiter les excès.

Il est doué pour les relations sociales et les affaires, ce qui lui permet de réaliser ses projets avec une approche rapide et précise de la résolution des problèmes.

Il possède autonomie et indépendance et fait tout avec passion.

Roi de Bâton inversé

Mot Clé - Autorité abusive et perte de contrôle.

Signification - L'abus de pouvoir ou l'ego démesuré peuvent causer des problèmes. Manque de leadership efficace ou de direction claire. Il est important de réévaluer son approche et de trouver un équilibre entre autorité et respect des autres.

— Épée —

As d'Épée

Du point de vue de l'aspect Épée, l'As représente le début d'une nouvelle phase, un changement complet qui prend naissance sur le plan mental. De nouvelles perspectives, de nouvelles façons de concevoir la vie, de nouvelles idées, ainsi qu'une volonté et une capacité de concentration accrues.

Lorsque la puissance de l'élément air fait irruption dans notre vie, nous pouvons éprouver un sentiment de clarté et prendre des décisions plus facilement.

En ce moment, l'intelligence et la logique sont les meilleures armes, il faut donc les utiliser.

As Épée inversé

Mot Clé - Obstacles intérieurs, conflits internes.

Signification - Lutte intérieure, des blocages ou des problèmes de communication. Il peut y avoir des conflits internes, des doutes ou une difficulté à exprimer clairement ses pensées. Cela suggère une nécessité de résoudre les conflits intérieurs avant de prendre des décisions importantes.

Deux d'Épée

Cette carte annonce l'arrivée d'une période sereine. C'est la paix après la tempête, et c'est là que nous pouvons enfin se reposer, reprendre son souffle et se régénérer.

Cela ne signifie pas que les problèmes sont complètement résolus, mais ils ont au moins diminué d'intensité et peuvent être traités plus calmement.

L'Arcane des deux de l'espace nous suggère de reprendre des

forces et de profiter de ce moment pour dénouer les nœuds qui subsistent. L'heure n'est pas à l'action directe, mais plutôt à notre capacité à créer des solutions et à l'inconscient, c'est le moment de prêter attention aux rêves et aux messages qu'ils véhiculent.

Deux d'Épée inversé

Mot Clé - Désaccord, impasse, refus de compromis.

Signification - Impasse ou un refus de compromis. Les décisions sont difficiles à prendre et la communication est bloquée. Il peut y avoir des conflits non résolus ou un manque de clarté dans les relations. Une réévaluation est nécessaire.

Trois d'Épée

Cette carte symbolise un moment intense de chagrin, généralement dû à la fin d'une relation. La perte d'un être cher, la fin d'une amitié ou d'un amour.

Cependant, l'Arcane ne représente pas l'événement lui-même, mais plutôt la réaction émotionnelle à l'événement. Le cœur, symbole de la vie émotionnelle, est transpercé par les Épées et il faudra du temps pour guérir. La carte suggère d'embrasser la douleur, de l'accepter pleinement sans détourner le regard. Ce n'est qu'alors que nous pouvons commencer.

Trois d'Épée inversé

Mot Clé - Blocage, stagnation, confusion mentale.

Signification - Moment de déséquilibre émotionnel, de tristesse et de détresse. Il peut représenter une période de chagrin non résolu ou de douleur refoulée. Cela peut également suggérer une difficulté à prendre des décisions claires ou à sortir d'une situation problématique. Il est essentiel d'identifier les obstacles émotionnels pour pouvoir avancer et guérir.

Quatre d'Épée

Cette carte symbolise une période de récupération des forces après une période d'activité intense et fastidieuse. Ce rétablissement doit se faire dans un environnement sûr, c'est pourquoi la carte peut également indiquer l'admission dans une clinique ou un hôpital.

Si ce n'est pas le physique, mais l'âme qui a besoin d'être régénérée, le lieu de guérison pouvant alors être un temple, un monastère ou une communauté spirituelle.

Le conseil est de s'en tenir à une vie simple et retirée, en limitant les stimuli, afin de rétablir l'équilibre intérieur. Ce qu'il faut, c'est de la sérénité, du calme et de la paix.

Quatre d'Épée inversé

Mot Clé - Transition difficile, résistance au changement, lente guérison.

Signification - Difficultés à se remettre d'une période de repos ou de guérison. Il peut suggérer une résistance au changement ou une lente progression vers la guérison physique ou émotionnelle. Il est important de faire preuve de patience et de prendre le temps nécessaire pour se rétablir pleinement avant de poursuivre.

Cinq d'Épée

Cet Arcane est l'un des plus compliqués à gérer. En effet, il représente une situation d'échec ou de défaite, souvent due à sa propre lâcheté ou à la malveillance d'un autre individu. Selon la façon dont les événements se sont déroulés, nous pouvons ressentir des émotions telles que le ressentiment, la honte, l'humiliation et la dépression.

Le cinq d'Épée symbolise un moment dont il faut s'extraire au plus vite, il ne faut pas perdre son temps à se soucier du jugement des autres ou à s'apitoyer sur son sort, mais plutôt se relever le plus rapidement possible. Il est bon de rectifier ses erreurs et de recommencer dans un nouvel environnement.

Cinq d'Épée inversé

Mot Clé - Réconciliation, résolution des conflits, libération de la douleur.

Signification - Possibilité de résoudre les conflits et de parvenir à une réconciliation. Il suggère la fin des querelles et des luttes internes, ainsi que la libération de la douleur émotionnelle. C'est un moment propice pour trouver la paix et la guérison après des périodes tumultueuses.

Six d'Épée

Cette carte représente une phase de transition, un moment où nous pouvons atteindre un nouvel état d'existence. Elle nous montre que nous avons la capacité d'élever une situation à un niveau supérieur, mais qu'il est nécessaire de prendre ses responsabilités et de s'engager pleinement. Le succès est proche et il est possible de l'atteindre si nous nous souvenons de la direction à prendre et que nous ne nous découragions pas.

Il faut rester calme tout en continuant à travailler, en trouvant le bon rythme, il ne faut pas se précipiter, mais il ne faut pas non plus perdre de temps.

Six d'Épée inversé

Mot Clé - Déni, résistance au changement, stagnation émotionnelle.

Signification - Difficulté à accepter les changements et à avancer. Il peut indiquer un refus de quitter une situation inconfortable ou une résistance à l'évolution émotionnelle. Cela peut entraîner une stagnation et une incapacité à progresser vers un meilleur avenir. Il est important d'identifier les blocages et d'ouvrir la voie au changement.

Sept d'Épée

Cet Arcane symbolise la tentative d'atteindre un objectif par l'opportunisme, le subterfuge et, en général, sans y consacrer l'énergie et le temps nécessaires.

Il est parfois acceptable de réussir de cette manière, mais une telle attitude n'apporte généralement que des victoires éphémères et de nombreux effets secondaires.

Le sept d'Épée nous pousse à prendre conscience de nos motivations pour agir, afin de pouvoir choisir de poursuivre un engagement superficiel, d'agir plus sérieusement ou de renoncer.

Sept d'Épée inversé

Mot Clé - Conflits internes, autodestruction, culpabilité.

Signification - Luttes internes et des conflits émotionnels. Il peut révéler des tendances autodestructrices, de la culpabilité et des regrets. Il est essentiel de faire face à ces problèmes intérieurs, de s'accepter et de pardonner pour avancer vers la guérison et la résolution.

Huit d'Épée

Cette carte indique un état d'impuissance, généralement causé par l'influence limitative des autres. Elle nous dit que nous sommes liés et que nous avons les yeux bandés, que nous ne pouvons ni voir ni agir, et que nos pas ne sont pas sûrs. Nous pouvons attendre que quelqu'un nous libère ou essayer de le faire nous-mêmes.

L'élément positif de la situation est que la force et l'énergie ne sont pas absentes, mais seulement bloquées.

Nous devons comprendre ce qui nous lie, en analysant s'il s'agit de situations objectives ou de fardeaux que nous nous imposons à nous-mêmes.

Huit d'Épée inversé

Mot Clé - Stagnation, résistance au changement, évasion de la réalité.

Signification - Statu quo dans les problèmes et la résistance au changement. Il peut symboliser une tendance à éviter les défis ou à se perdre dans des illusions. Il est important de faire face à la réalité, de trouver le courage de changer et de libérer les limitations auto-imposées.

Neuf d'Épée

Le neuf d'Épée indique l'inquiétude, l'anxiété et les cauchemars. L'esprit est focalisé sur des pensées et des problèmes obsessionnels tout en étant incapable d'être positif. Cette carte met l'accent sur la réaction interne aux événements, plutôt que sur les événements eux-mêmes. Il s'agit donc parfois d'une représentation d'une personne qui s'inquiète excessivement par rapport à la gravité réelle des problèmes qui l'affligent.

Neuf d'Épée inversé

Mot Clé - Anxiété excessive, peurs irrationnelles, difficulté à lâcher prise.

Signification - Peurs irrationnelles qui entravent le bien-être. Il peut représenter une difficulté à lâcher prise et à trouver la paix intérieure. Il est important de travailler sur la gestion du stress, de chercher le soutien nécessaire et de se libérer des pensées négatives pour retrouver l'équilibre émotionnel.

Dix d'Épée

Cet Arcane symbolise la présence de graves difficultés et la réaction intérieure qui en découle.

Il évoque une situation dans laquelle nous pouvons lâcher prise, avec des émotions telles que l'épuisement, la dépression et un profond sentiment d'échec.

Le moment est difficile, mais il faut se raccrocher à une parcelle d'espoir et s'y accrocher fortement. Aussi douloureux que cela puisse être, il y a des situations et des relations qui doivent prendre fin pour que la vie puisse renaître.

Dix d'Épée inversé

Mot Clé - Fin des souffrances, libération des difficultés, transition vers la guérison.

Signification - Indique la fin des souffrances et des difficultés. C'est le moment où les épreuves touchent à leur fin, et la guérison et la reprise de pouvoir commencent. Il symbolise la capacité à se relever après une période difficile et à embrasser de nouvelles opportunités.

Valet d'Épée

Cette carte combine le symbolisme de la couleur de l'épée avec celui de la figure du valet.

Il s'agit d'un individu dynamique, prêt à agir rapidement en pensée et en parole. Le valet d'Épée ne reste jamais en place et change rapidement, comme le vent qui souffle vite sans jamais s'arrêter. Il n'a pas de racines solides et son potentiel peut s'exprimer dans de nombreuses directions, bien que les domaines les plus prometteurs soient ceux de la communication, des mots et de l'intellect.

Le valet d'Épée inversé

Mot Clé - Immaturité, manque de responsabilité, communication déséquilibrée.

Signification - Indique une immaturité ou un manque de responsabilité dans la communication. Il peut représenter des paroles impulsives, des conflits ou une communication déséquilibrée. Il est important de développer une approche plus réfléchie et respectueuse dans les interactions pour éviter les malentendus et les tensions.

Cavalier d'Épée

Cette carte combine le symbolisme de la couleur de l'épée avec celui de la figure du chevalier.

Il nous présente un individu dont le chemin de croissance est bien engagé, mais pas encore achevé, et qui domine de nombreuses qualités liées à l'élément air, éloquence, intelligence, rapidité, dynamisme, esprit d'analyse.

Il peut s'attaquer aux problèmes de manière directe et courageuse, en utilisant la parole et la pensée pour obtenir des résultats rapides. Sa croissance n'est cependant pas sans risques, et il peut manquer de fondement, être instable, superficiel, ou trop analytique et logique.

L'épée du chevalier peut viser à trouver des solutions aux problèmes auxquels il est confronté, ou s'attaquer à lui-même et aux autres avec des mots tranchants et des critiques destructrices.

Le Cavalier d'Épée inversé

Mot Clé - Agressivité, impulsivité, conflits mal gérés.

Signification - Indique une tendance à l'agressivité, à l'impulsivité et à des conflits mal gérés. Il peut symboliser une attitude combative ou une utilisation abusive du pouvoir. Il est important de canaliser l'énergie de manière constructive et de trouver des moyens plus équilibrés de résoudre les différends.

Reine d'Épée

Cette carte combine le symbolisme de la couleur de l'épée avec celui de la figure de la Reine.

Elle représente une femme qui impose le respect par son attitude sévère et ses manières fermes.

La Reine d'Épée est très intelligente et est estimée pour son sens inné de la justice et de l'intelligence. Elle est capable d'analyser soigneusement une situation, d'en résumer les points essentiels et de choisir la voie à suivre. Elle ne se décourage pas facilement et, dans les moments difficiles, elle puise sa force dans ses propres principes moraux.

Elle maîtrise l'élément air, qui lui apporte une grande capacité de concentration, et entretient des relations avec le monde par le biais de l'intellect et des idées.

Intellectuelle, scientifique et érudite, elle est capable de raisonner de manière indépendante et originale, de se placer au-dessus des partis et d'émettre des jugements équilibrés.

Reine d'Épée inversé

Mot Clé - Communication déséquilibrée, manipulation, cruauté verbale.

Signification - Elle peut représenter une femme autoritaire ou froide. Il est essentiel d'être conscient de l'impact de nos paroles et d'adopter une communication plus bienveillante et respectueuse.

Roi d'Épée

Cette carte combine le symbolisme de la couleur de l'épée avec la figure du roi.

Le Roi d'Épée tire son pouvoir de l'élément air, qu'il utilise au maximum, en minimisant ses caractéristiques négatives et en renforçant ses caractéristiques positives. Analytique et intelligent, il est capable d'utiliser le pouvoir de la logique et de la raison pour trouver des solutions innovantes aux problèmes.

Il est capable de se concentrer longtemps sur les tâches à accomplir et possède une forte discipline, qu'il utilise pour se perfectionner en s'entraînant constamment dans les domaines qu'il souhaite améliorer.

Il dégage un sens de la justice qui le rend respecté et autoritaire, il pèse et sait tout évaluer, scrutant les actions de ceux qui l'entourent. C'est un professeur sévère, mais capable de donner une grande instruction. Ses actions et ses pensées sont rapides, en avance sur son temps, si complexes et ingénieuses que nous avons du mal à le suivre.

Le Roi d'Épée inversé

Mot Clé - Abus de pouvoir, autoritarisme, manipulation

mentale.

Signification - Il peut représenter une figure dominante qui utilise son intelligence de manière destructive. Il est important de remettre en question les motivations et de trouver un équilibre entre le pouvoir et l'empathie.

— Coupe —

As de Coupe

Cette carte représente le Saint Graal, la coupe dont découle la régénération spirituelle.

C'est un symbole de protection, car il révèle le travail d'une forte énergie spirituelle.

L'as de Coupe indique que l'amitié et l'amour sont favorisés, ainsi que tout type de projet artistique ou créatif. Lié au chiffre un, cet Arcane symbolise un nouveau départ ou la naissance de quelque chose, qu'il s'agisse d'une nouvelle vie ou d'une nouvelle entreprise.

En divination, cet Arcane marque un moment particulier et est de bon augure, suggérant que les forces du ciel sont avec nous.

As de Coupe inversé

Mot Clé - Blocage émotionnel, difficulté à exprimer les sentiments, manque d'harmonie relationnelle.

Signification - L'As de Coupe inversé indique un blocage émotionnel, des difficultés à exprimer les sentiments et un manque d'harmonie relationnelle. Il est important d'explorer les causes de ces blocages et de travailler sur la guérison émotionnelle pour soutenir des relations plus épanouissantes.

Deux de Coupe

Du point de vue de la couleur de la coupe, cette carte symbolise une rencontre qui se déroule sous le signe de l'amitié ou de l'amour. Il peut s'agir du début d'une union, tout d'abord spirituelle et émotionnelle, qui évoluera vers quelque chose de plus grand et de plus fort.

C'est donc un Arcane favorable pour ceux qui recherchent de nouvelles amitiés ou un nouvel amour, mais aussi pour ceux qui veulent poursuivre un projet de groupe dans lequel des valeurs et des affinités sont partagées.

Deux de Coupe inversé

Mot Clé - Désaccord, déséquilibre affectif, difficulté à établir des liens profonds.

Signification - Le Deux de Coupe inversé indique un désaccord ou un déséquilibre affectif dans les relations. Il peut symboliser des difficultés à établir des liens profonds ou à trouver un terrain d'entente. Il est important de travailler sur la communication et l'harmonie pour favoriser des relations plus épanouissantes.

Trois de Coupe

Cette carte représente un moment de fête, où la joie de vivre peut s'exprimer pleinement. Ce bonheur peut provenir de la simple et pure joie de vivre, de la réussite d'un projet ou d'une nouvelle qui apporte un nouveau départ, naissance d'un enfant, nouvel emploi, etc.

Trois de Coupe inversé

Mot Clé - Isolement social, déséquilibre dans les relations, manque de célébration et de connexion joyeuse.

Signification - Isolement social, un déséquilibre dans les relations et un manque de célébration et de connexion joyeuse avec les autres. Il est important de rechercher l'harmonie sociale et de trouver des moyens de célébrer et de partager des moments de joie avec les autres.

Quatre de Coupe

La carte indique un individu qui ne manque de rien sur le plan matériel, mais qui est néanmoins insatisfait. Les choses qui lui procuraient du plaisir lui paraissent désormais inutiles et vides et il ressent le besoin de quelque chose de nouveau, de quelque chose qui lui redonne de l'enthousiasme.

La personne que cet Arcane représente n'est pas malade, mais elle n'est pas non plus heureuse, elle est simplement satisfaite. D'une part, il ne peut pas apprécier pleinement ce qu'il a, d'autre part, il ne peut pas trouver le courage de changer sa vie.

Quatre de Coupe inversé

Mot Clé - Ouverture aux opportunités, gratitude, réceptivité aux nouvelles expériences.

Signification - Le Quatre de Coupe inversé indique une ouverture aux opportunités, une gratitude et une réceptivité aux nouvelles expériences. Il suggère d'abandonner la complaisance et de se laisser surprendre par de nouvelles perspectives. C'est le moment de saisir les occasions qui se présentent et de cultiver une attitude d'appréciation envers la vie.

Cinq de Coupe

Cet Arcane décrit une situation dans laquelle une perte s'est produite, provoquant des effets principalement ressentis sur le plan émotionnel. Il ne s'agit pas d'une perte d'une extrême gravité, du moins généralement. Il faut plutôt penser, dans ce cas, à la fin d'une amitié ou d'une relation amoureuse, ou encore de la perte de confiance en quelqu'un. Les émotions qu'elle indique sont la tristesse, l'amertume et le regret, mais tout n'est pas encore perdu, il est possible de remonter la pente.

Cinq de Coupe inversé

Mot Clé - Acceptation, guérison émotionnelle, trouver le chemin de la résilience.

Signification - Le Cinq de Coupe inversé indique l'acceptation, la guérison émotionnelle et la capacité à trouver le chemin de la résilience. Il suggère de laisser aller les regrets et de se concentrer sur la reconstruction après une période difficile. C'est le moment de trouver la force intérieure pour surmonter les pertes et avancer vers la guérison.

Six de Coupe

Cette carte symbolise la joie pure et simple qui découle de l'appréciation des petits plaisirs de la vie. Elle transmet un sentiment d'harmonie et d'équilibre, et les thèmes clé de l'Arcane sont la douceur, la gentillesse entre les gens et l'affection. Si nous souhaitons suivre les conseils du six de Coupe, il faut faire attention à la manière dont on traite les autres. Il est important de susciter des sentiments positifs et de donner aux autres les soins appropriés.

Six de Coupe inversé

Mot Clé - Difficulté à laisser le passé derrière, résistance au changement, nostalgie malsaine.

Signification - Le Six de Coupe inversé indique une difficulté à laisser le passé derrière, une résistance au changement et une nostalgie malsaine. Il est important de faire face au présent et de se libérer des attachements qui entravent la croissance et l'épanouissement personnel.

Sept de Coupe

La carte nous montre un individu dont l'attention est captée par de nombreux objectifs et rêves, dont la valeur est cependant incertaine, même s'ils se réalisent. Il y a donc le risque de se lancer dans des projets vagues qui ont peu de chances d'aboutir, de se laisser éblouir par des mirages et des promesses d'avenir.

Cet Arcane indique également que les valeurs d'une personne sont trop matérielles et qu'elles n'ont en conséquence pas la capacité de produire un bonheur authentique.

Sept de Coupe inversé

Mot Clé - Désillusion, manque de clarté, idéalisme excessif.

Signification - Le Sept de Coupe inversé indique la désillusion, le manque de clarté et un idéalisme excessif. Il peut suggérer des rêves irréalisables ou des illusions qui se dissipent. Il est important de rester ancré dans la réalité et de prendre des décisions éclairées plutôt que de s'égarer dans des fantasmes.

Huit de Coupe

Cet Arcane nous indique qu'il est temps de laisser derrière soi un mode de vie établi et de s'engager dans une nouvelle voie. Ce que nous laissons derrière soi peut être satisfaisant, mais le moment est venu de changer. Après la réussite, l'objectif perd de sa motivation et de son dynamisme, d'où la nécessité de l'abandon.

Grâce à elle, il devient possible de découvrir de nouvelles réalités et de se fixer de nouveaux objectifs.

Huit de Coupe inversé

Mot Clé - Résistance au changement, stagnation, peur de l'inconnu.

Signification - Le Huit de Coupe inversé indique une résistance au changement, une stagnation et une peur de l'inconnu. Il peut suggérer une difficulté à abandonner une situation insatisfaisante par crainte de l'incertitude. Il est essentiel de surmonter ces peurs pour ouvrir la voie à de nouvelles opportunités et à une croissance personnelle.

Neuf de Coupe

Cette carte symbolise un individu pleinement satisfait de sa réussite matérielle. Il y a donc un sentiment d'avoir mérité ses triomphes, ainsi que des émotions de fierté et de contentement.

Le neuf de Coupe est en général de très bon augure. En effet, il indique l'achèvement parfait d'un projet et suggère que nous devrions avoir confiance en ce que nous poursuivons, mais aussi être reconnaissants pour ce que nous avons déjà. Il est bon de s'arrêter un instant, de ne pas penser à l'avenir, mais plutôt d'apprécier l'abondance du présent.

Neuf de Coupe inversé

Mot Clé - Illusion

Signification - Déception, insatisfaction, désir non réalisé, manque de gratitude, fausse promesse, blocage émotionnel, manque de confiance, difficulté à trouver le bonheur intérieur, besoin de réévaluer les attentes.

Dix de Coupe

Cet Arcane symbolise une famille heureuse qui profite des joies de l'affection et de l'amour.

Le Dix de Coupe suggère que le vrai succès vient de la création de liens sincères et solides avec ceux qui nous entourent afin que nous partagions nos expériences de vie et nos émotions.

Même au travail, il faut essayer de créer une équipe soudée dont les membres s'entraident et partagent les mêmes valeurs.

En ce moment, il est suggéré de s'occuper de son propre bien-être émotionnel et de celui des autres.

Dix de Coupe inversé

Mot Clé - Dysfonctionnement familial

Signification - Instabilité émotionnelle, tensions familiales, désaccords, manque d'harmonie domestique, difficulté à trouver le bonheur au sein du foyer, problèmes de communication, besoin de résoudre les conflits pour restaurer l'équilibre familial.

Valet de Coupe

Cette carte combine le symbolisme de la couleur des coupes avec celui de la figure du valet.

Le valet de Coupe est sensible, créatif et imaginatif. Son énergie réside davantage dans son cœur que dans son esprit et il est capable d'écouter avec sensibilité et tact.

En tant que valet, il est encore possible que son chemin de croissance prenne une mauvaise direction, se perdant dans le labyrinthe de l'imagination sans donner corps à ses intuitions.

S'il parvient à développer son potentiel de manière équilibrée, il peut être d'une grande aide pour les autres grâce à sa tolérance et à sa gentillesse.

Valet de Coupe inversé

Mot Clé - Immaturité émotionnelle

Signification - Manque d'expression émotionnelle, difficulté à gérer les sentiments, insensibilité, impulsivité, immaturité dans les relations, déséquilibre entre le cœur et la raison, besoin de développer une meilleure compréhension et gestion des émotions.

Cavalier de Coupe

Cette carte combine le symbolisme de la couleur des coupes avec celui de la figure du chevalier.

L'Arcane est présenté comme un individu bien engagé sur son chemin de croissance, qui n'est cependant pas encore achevé. Il maîtrise déjà de nombreuses qualités liées à l'élément eau, tels que l'amour bienveillant, l'imagination, la gentillesse, l'altruisme et l'écoute des autres.

La force du cavalier réside dans le fait d'être en contact avec ses propres sentiments et son cœur, qui lui permettent de recevoir l'inspiration et les conseils des autres plans d'existence.

Sa croissance peut encore se heurter à des obstacles, car il peut se perdre dans ses propres rêves et se montrer trop peu sûr de lui et trop faible. Sa grande sensibilité le rend alors vulnérable aux critiques et aux attaques des autres, et le rend sujet aux sautes d'humeur et à la tristesse.

Cavalier de Coupe inversé

Mot Clé - Instabilité affective

Signification - Manque d'engagement émotionnel, fluctuations dans les relations amoureuses, désirs inconstants, difficulté à exprimer ses émotions de manière authentique, comportement incohérent, besoin de clarifier ses intentions et de trouver un équilibre émotionnel.

Reine de Coupe

Cette carte combine le symbolisme de la couleur des coupes avec celui de la figure de la reine.

Cette carte représente une femme profondément créative et intuitive, qui entre en relation avec les autres et le monde par le biais de sentiments, qu'elle exprime fortement par des mots et des gestes d'affection.

Le pouvoir de la Reine de Coupe provient de l'élément de l'eau, et tout comme elle reflète le paysage qui l'entoure, l'âme de la reine est capable de refléter avec empathie l'âme de ceux qui l'entourent. Elle a une présence enveloppante et est capable d'écouter, de consoler et de protéger, son énergie est la plus féminine de toutes les autres reines.

Il possède le don de guérison qui se manifeste par l'absorption des énergies négatives qui se transforment en énergies positives.

Reine de Coupe inversé

Mot Clé - Négligence émotionnelle

Signification - Froideur, manipulation émotionnelle, incapacité à exprimer l'empathie, déséquilibre émotionnel, manque de soutien émotionnel, difficulté à se connecter avec ses propres sentiments et ceux des autres, besoin de travailler sur l'ouverture émotionnelle et la compassion.

Roi de Coupe

Cette carte combine le symbolisme de la couleur des coupes avec celui de la figure du roi.

Le Roi de Coupe tire son pouvoir de l'élément eau, qu'il domine parfaitement en minimisant ses caractéristiques négatives et en renforçant ses caractéristiques positives.

Il possède un charisme qui hypnotise, fascine et envoûte, et il est capable d'entrer en contact avec l'âme des autres. Il a une grande capacité créative et artistique, qui se situe davantage au niveau des idées qu'au niveau pratique, et possède une forte intuition et sensibilité.

Son dévouement aux idéaux auxquels il croit et sa compassion amènent les gens à lui faire confiance et à lui confier leurs secrets. Il possède de grands dons pour l'harmonisation, intervenant en médiateur et est capable de créer des relations profondes d'amour et d'affection.

Roi de Coupe inversé

Mot Clé - Instabilité émotionnelle

Signification - Manque de contrôle émotionnel, incapacité à gérer les sentiments, comportement irrationnel, manipulation émotionnelle, difficulté à prendre des décisions basées sur les émotions, besoin de travailler sur la stabilité émotionnelle et la prise de responsabilité dans les relations.

— Denier —

As de Denier

L'as, dans la couleur du Denier, symbolise l'énergie de l'élément terre, ainsi que ce qu'il représente, à savoir la prospérité, le bien-être matériel, la capacité à donner corps à des projets et la solidité. Cet Arcane est de très bon augure, surtout d'un point de vue financier et économique. Particulièrement, en général dans tous les milieux dans lesquels le sens pratique et le bon sens sont nécessaires.

As de Denier inversé

Mot Clé - Perte financière

Signification - Manque d'opportunités financières, mauvaise gestion de l'argent, difficultés matérielles, retards ou obstacles dans les projets financiers, imprudence financière, besoin de revoir sa stratégie et de prendre des mesures pour améliorer sa situation financière.

Deux de Denier

Cet Arcane annonce une phase alternative dans laquelle il est nécessaire de maintenir un équilibre harmonieux entre les différentes parties de la vie, qui peuvent avoir tendance à évoluer de manière asynchrone les unes par rapport aux autres.

Si vous parvenez à concilier les différentes situations et les différents besoins, vous vivrez une période stimulante et très intéressante. Cependant, la tâche ne sera pas facile et vous pourriez rencontrer des moments d'instabilité et de précarité, tant sur le plan général que sur le plan économique.

Deux de Denier inversé

Mot Clé - Déséquilibre financier

Signification - Instabilité financière, mauvaise gestion des ressources, difficulté à équilibrer les dépenses et les revenus, manque de planification, imprévu financier, besoin de revoir ses priorités et de trouver des solutions pour rétablir l'équilibre financier.

Trois de Denier

Ce thème indique que le moment est propice pour construire et poser les bases des activités futures, notamment dans les domaines de la finance et du travail. Il faut se consacrer concrètement à la réalisation de ce qu'il y a en tête. Ainsi, c'est le bon moment pour travailler avec méthode et constance, et s'il s'agit de s'engager sérieusement et honnêtement, le résultat sera assuré.

Il est donc essentiel d'avoir une vision claire de ce que vous allez construire, ainsi qu'un plan détaillant les étapes pour y parvenir.

Trois de Denier inversé

Mot Clé - Blocage financier ou manque d'investissement dans le domaine matériel.

Signification - L'arcane inversé du Trois de Denier suggère des difficultés financières, un manque de prospérité ou un manque d'engagement dans les aspects matériels de la vie. Cela peut indiquer une mauvaise gestion des ressources, des retards dans les projets financiers ou un manque de motivation pour atteindre des objectifs financiers.

Quatre de Denier

Cet Arcane symbolise la richesse économique et le pouvoir matériel acquis grâce à un travail acharné et à l'engagement, mûri dans une position inattaquable et solide.

Le quatre de Denier nous conseille de garder une attitude pragmatique et concrète dans ce que nous faisons, l'heure n'est pas aux rêves ni aux élucubrations et nous devons nous accrocher à ce que nous possédons. Prenons garde à l'aspect économique de toutes nos activités et récoltons les fruits mûrs de notre travail avant de nous engager sur de nouvelles voies.

Quatre de Denier inversé

Mot Clé - Stagnation financière ou refus de prendre des risques dans les affaires matérielles.

Signification - L'arcane inversé des Quatre Denier indique un blocage financier, un manque de croissance économique ou une résistance à investir dans les domaines matériels. Cela peut refléter une peur du changement, une aversion pour les risques ou une tendance à s'accrocher à la sécurité au détriment de la prospérité potentielle. C'est un avertissement de ne pas rester trop attaché à la stabilité financière au détriment de l'évolution et de l'expansion.

Cinq de Denier

Cette carte indique d'éventuels problèmes d'ordre professionnel ou économique, par exemple des retards dans la perception des paiements, des dépenses imprévues, des difficultés à trouver des clients, etc.

Les difficultés présentées par le Cinq Denier ne sont toutefois pas graves au point de provoquer un effondrement financier, mais représentent plutôt une situation dans laquelle il ne faut pas s'acharner, en essayant de faire attention aux dépenses et en corrigeant ce qui ne fonctionne pas.

Le véritable danger indiqué par la carte n'est donc pas lié à l'argent, mais concerne plutôt les émotions négatives qui pourraient en découler, telles que la dépression et le sentiment d'échec.

La vraie sécurité ne vient pas nécessairement du bien-être financier. Vous devez d'abord penser à votre équilibre intérieur.

Cinq de Denier inversé

Mot Clé - Perte matérielle ou sentiment de déséquilibre financier et de solitude.

Signification - L'arcane inversé Cinq de Denier indique une situation de perte ou de manque financier, ainsi qu'un sentiment de déséquilibre matériel et de solitude. Cela peut signaler des difficultés financières, une exclusion sociale ou un manque de soutien dans les moments difficiles. Il est important de chercher de l'aide et de trouver des solutions pour surmonter ces épreuves.

Six de Denier

Cet Arcane nous renvoie à une situation dans laquelle un échange d'argent, ou plus généralement un échange d'énergie, a lieu. La richesse authentique vient du fait que nous faisons circuler généreusement ce que nous possédons, tout en ouvrant les bras à ce que l'univers peut nous accorder.

Le conseil est de partager tout ce que vous pouvez donner, argent, temps, sourires, énergie positive.

Six de Denier inversé

Mot Clé - Déséquilibre ou manque de générosité dans le partage des ressources matérielles.

Signification - L'arcane inversé Six de Denier suggère un déséquilibre dans le partage des ressources matérielles, un manque de générosité ou une attitude égoïste envers l'argent. Cela peut indiquer une tendance à la surconsommation, des difficultés financières dues à une mauvaise gestion ou un refus de soutenir les autres dans le besoin. Il est important de réévaluer ses valeurs et d'adopter une approche plus équilibrée et bienveillante envers les autres dans le domaine financier.

Sept de Denier

Cette carte représente un individu qui regarde avec découragement les résultats de son travail, qui ne sont malheureusement pas à la hauteur de ses espérances. Il peut arriver que les choses ne se passent pas comme prévu et que nous nous sentions frustré et déçu, peut-être parce que nous espérions obtenir davantage ou parce que le résultat final est finalement médiocre. Quoi qu'il en soit, il est nécessaire de réfléchir à ses motivations. Celui qui suit un chemin de croissance spirituelle doit dépasser les concepts de succès et d'échec, et comprendre que l'important est de savoir que nous avons agi pour le mieux.

Ceux qui ne s'attachent qu'au fruit de leurs actions courent le risque d'être malheureux et déçus. Le sept de Denier nous conseille de toujours voir le bon côté des choses et de renouveler éventuellement notre engagement, sans nous bloquer sur l'idée de la réussite.

Sept de Denier inversé

Mot Clé - Manque de progression ou de récolte des fruits de ses efforts dans le domaine matériel.

Signification - L'arcane inversé Sept de Denier suggère un manque de progression ou de récolte des fruits de ses efforts dans le domaine matériel. Cela peut indiquer des retards, des obstacles ou une stagnation dans la réalisation de ses objectifs financiers. Il est important de réévaluer sa stratégie, de persévérer et de faire preuve de patience pour obtenir les résultats souhaités.

Huit de Denier

Cette carte symbolise un artisan absorbé par son travail, effectué de manière méthodique, soigneuse et constante. L'Arcane suggère que la manière d'atteindre ses objectifs passe par un travail continu, régulier et précis, il n'est pas nécessaire de chercher des solutions ou des approches différentes.

Nous continuons à travailler dur avec simplicité, comme nous savons déjà le faire, et c'est ainsi que les problèmes se dissiperont et que nous nous rapprocherons de notre objectif.

Huit de Denier inversé

Mot Clé - Manque de stabilité ou d'investissement dans le domaine matériel et professionnel.

Signification - L'arcane inversé Huit de Denier indique un manque de stabilité ou d'engagement dans les aspects matériels et professionnels de la vie. Cela peut signaler une insatisfaction dans le travail, une difficulté à maintenir une situation financière solide ou un manque d'investissement dans la construction d'un avenir stable. Il est essentiel de prendre des mesures concrètes pour renforcer sa situation financière et professionnelle.

Neuf de Denier

Cet Arcane indique une richesse établie, qui n'est pas nécessairement le fruit du travail d'une personne, mais qui peut provenir de gains inattendus, d'un héritage ou du privilège de la naissance.

Le neuf de Denier en général annonce la bonne fortune d'un point de vue économique, ainsi que la sécurité qui découle de la possession d'importantes ressources financières.

Il s'agit donc d'une situation liée à l'immobilier, à l'argent et au statut social de la famille.

Neuf de Denier inversé

Mot Clé - Insécurité financière ou manque de gratitude pour les bénédictions matérielles.

Signification - L'arcane inversé Neuf de Denier indique une insécurité financière, un manque d'appréciation pour les bénédictions matérielles ou un sentiment de précarité. Cela peut signaler des difficultés financières, un gaspillage des ressources ou un manque de reconnaissance pour ce qui est déjà acquis. Il est important de cultiver la gratitude et de prendre des mesures pour renforcer sa sécurité financière.

Dix de Denier

Le dix de Denier nous rappelle que la prospérité, la richesse et les biens matériels sont souvent liés à une famille puissante et riche. La voie de la réussite matérielle, selon la carte, passe par la construction de liens avec des personnes partageant les mêmes idées, à faire durer.

Nous pouvons dire qu'une telle affinité est la véritable famille, et qu'elle crée un lieu confortable et sûr dans lequel vivre, et dans lequel grandir avec le soutien et l'aide de son voisin.

À la simple richesse matérielle, s'ajoute la richesse des valeurs partagées et de l'affection.

Dix de Denier inversé

Mot Clé - Perte de sécurité matérielle ou manque de satisfaction malgré l'abondance.

Signification - L'arcane inversé Dix de Denier indique une perte de sécurité matérielle, un manque de satisfaction malgré l'abondance apparente ou un déséquilibre dans la gestion des biens matériels. Cela peut signaler des problèmes financiers, un attachement excessif aux biens matériels ou un manque de connexion émotionnelle avec la richesse. Il est important de rechercher un équilibre entre la prospérité matérielle et le bien-être intérieur.

Valet de Denier

Cette carte combine le symbolisme de la couleur du Denier avec celui de la figure du valet.

L'Arcane nous présente une jeune personne, soit par son âge, soit par son parcours, il peut donc s'agir d'un nouveau venu.

L'attitude du fantassin est simple et terre-à-terre, et il apprend pas à pas ce dont il a besoin pour grandir, avec humilité et persévérance. Il a un grand potentiel dans les domaines de l'administration, de l'argent et des questions pratiques, mais, comme tous les valets, il doit encore grandir.

Le valet de Denier inversé

Mot Clé - Manque d'ambition, de responsabilité ou de motivation dans les domaines financiers et professionnels.

Signification - L'arcane inversé du Valet de Denier suggère un manque d'ambition, de responsabilité ou de motivation dans les domaines financiers et professionnels. Cela peut indiquer une perte d'intérêt pour le travail, une négligence des tâches importantes ou un manque d'effort pour améliorer sa situation financière. Il est important de retrouver sa passion et de prendre des mesures pour atteindre ses objectifs professionnels.

Cavalier de Denier

Cette carte combine le symbolisme de la couleur du Denier avec celui de la figure du chevalier.

Il s'agit d'un individu bien engagé sur la voie de la croissance, qui n'est cependant pas encore achevée. Il maîtrise déjà de nombreuses qualités associées à l'élément terre, tels que le concret, le sens pratique, l'engagement, la volonté de travailler et la constance.

Le cavalier est capable de se concentrer sur un projet, de le mener avec détermination et force jusqu'au résultat. Il a une façon de procéder honnête, sobre et sans état d'âme, il est fiable et capable de prendre des responsabilités.

Sa croissance n'est cependant pas encore achevée, sa constance peut tourner à l'obsession, et le concret... au matérialisme. Il doit veiller à ne pas devenir trop rigide dans ses idées et dans la manière dont il poursuit ses objectifs, en réalisant que parfois les choses ne se réalisent pas seulement par une stratégie étape par étape, mais aussi par des bonds en avant soudains.

Cavalier de Denier inversé

Mot Clé - Manque de stabilité, d'engagement ou de progression dans les domaines financiers et matériaux.

Signification - L'arcane inversé du Cavalier de Denier indique un manque de stabilité, d'engagement ou de progression dans les domaines financiers et matériels. Cela peut signaler des retards, des obstacles ou une tendance à éviter les responsabilités financières. Il est essentiel de faire preuve de détermination, de consistance et de prendre des mesures concrètes pour atteindre la prospérité désirée.

Reine de Denier

Cette carte combine le symbolisme de la couleur du Denier avec celui de la figure de la reine.

Cet Arcane tire son pouvoir de l'élément terre, symbole

d'abondance et de prospérité.

La reine aime la famille et le foyer, elle apprécie les biens matériels et sait les gérer intelligemment. Elle travaille dur, avec organisation et méthode, obtenant le maximum de résultats avec le minimum d'efforts. Avec ses manières sincères et simples, elle est capable de mettre les autres à l'aise et est bien ancrée et centrée dans sa propre existence, apportant calme et équilibre aux âmes tristes, irritées et effrayées.

Elle s'occupe de ses proches en commençant par leurs besoins physiques, en leur offrant un environnement agréable et en leur apportant de la bonne nourriture.

Reine de Denier inversé

Mot Clé - Manque de stabilité financière, négligence des aspects pratiques ou manque de générosité dans la gestion des ressources matérielles.

Signification - L'arcane inversé de la Reine de Denier indique un manque de stabilité financière, une négligence des aspects pratiques de la vie ou un manque de générosité dans la gestion des ressources matérielles. Cela peut signaler des problèmes financiers, une attitude égoïste ou un manque de soutien envers les autres dans le domaine matériel. Il est important d'adopter une approche plus équilibrée, pratique et généreuse pour atteindre la prospérité et l'harmonie.

Roi de Denier

Cette carte combine le symbolisme de la couleur du Denier avec celui de la figure du roi.

Le pouvoir de cet Arcane découle de l'élément terre, que le roi est capable de dominer, en minimisant ses caractéristiques négatives et en exaltant ses caractéristiques positives.

C'est un travailleur constant, méthodique et infatigable. Un pas après l'autre, il parvient toujours à atteindre ses objectifs, même les plus ambitieux.

Il gère les situations avec sagesse et patience, et avant le combat, il se prépare minutieusement, dans le but de saper les fondements du problème afin de l'affaiblir, et ensuite seulement de passer à l'action. Il a le pouvoir de créer l'abondance et la prospérité dans toutes les situations, ainsi que d'être ferme et fort dans tout ce qu'il entreprend. Centré et ancré, il est capable de rester ferme sur ses convictions avec détermination et patience, sans se laisser influencer par le monde extérieur.

Ses qualités sont l'optimisme, le sens pratique et la bonne volonté. À ses côtés, les autres se sentent en sécurité, car ils ont confiance en sa capacité à satisfaire leurs besoins matériels. Brique par brique, il réalise des œuvres admirables et est un bâtisseur systématique et organisé, manifestant sa volonté au monde de manière concrète.

Roi de Denier inversé

Mot Clé - Perte de contrôle financier, manque de stabilité ou de sagesse dans la gestion des ressources matérielles.

Signification - L'arcane inversé du Roi de Denier indique une perte de contrôle financier, un manque de stabilité ou de sagesse dans la gestion des ressources matérielles. Cela peut signaler des difficultés financières, une attitude autoritaire ou un manque de vision à long terme dans les affaires matérielles. Il est important de retrouver son équilibre, d'adopter une approche plus réfléchie et de prendre des décisions éclairées pour restaurer la prospérité.

CHAPITRE 6 - L'interprétation des cartes de tarot

Pour comprendre et interpréter la signification des combinaisons du tarot, plusieurs aspects doivent être pris en compte.

Symboles

Nous observons attentivement les deux cartes et recherchons les symboles communs, tels que les objets, les couleurs, les éléments naturels, les vêtements portés par les personnages, etc. Ensuite, nous réfléchissons intuitivement à ce que nous associons à ces symboles, ou s'ils ont des significations reconnaissables comme objectives par rapport à la situation. Prenons l'exemple du pape et de la papesse, tous deux sont des personnages tenant un sceptre qui rappelle la sagesse, le couple mystique et le sacerdoce. Cela peut signifier qu'en ce moment, on est appelé à partager ce que nous avons appris ou, dans le cas d'une relation, que nous pouvons, avec notre partenaire, guider d'autres personnes sur un chemin spirituel.

Couleurs

Si les cartes consultées sont des Arcanes Mineurs, leurs couleurs peuvent nous aider à interpréter la combinaison. Il suffit de tenir compte des associations de chaque couleur, les

Épées sont associées à l'air, les coupes à l'eau. Denier à la terre et les Bâton au feu. Si deux Arcanes de la même couleur sont tirés, cela signifie que cet élément est prédominant. Si deux Épées sont tirées, par exemple, l'objet de la lecture est probablement une personne intellectuelle, qui a beaucoup d'idées, mais n'arrive pas à les mettre en pratique. Si les deux cartes sont différentes, leurs aspects peuvent être combinés. Sortir, par exemple, un arcane de Coupe et une d'Épée indique probablement que la personne lue doit trouver l'équilibre entre l'esprit et le cœur.

Mot clé

Lorsque vous connaissez le mot clé de chaque Arcane, lorsque vous tirez deux cartes, vous pouvez combiner ces mots, de manière cohérente, pour obtenir une interprétation.

Par exemple, si vous sortez Justice, qui peut être associée au tribunal, et Le Chariot, qui est associé au voyage, cela peut indiquer que la personne qui consulte les cartes devra voyager pour régler un problème ou un différend.

Numérologie

Les nombres nous aident également à interpréter les combinaisons du tarot. Nous regardons toujours le numéro d'une carte. Si deux cartes de tarot ont le même numéro, cela signifie qu'il y a un renforcement de la signification. Par exemple, le II de Coupe et un autre II, tirés ensemble, peuvent indiquer l'union dans le mariage de deux amoureux. Le II de Coupe représente l'amour couplé alors à la volonté de s'engager.

Si, en revanche, les chiffres sont différents, il faut vérifier dans quelle fourchette ils se situent. Les chiffres I à III peuvent suggérer le début d'un chemin, les chiffres IV à VI le milieu du chemin et les chiffres VII à X, la fin du chemin.

À titre d'exemple, le tirage de l'Impératrice, dont le chiffre est le III, et un autre III, suggère que la personne qui consulte les cartes est sur le point d'entamer un nouveau projet. Si, enfin, le premier chiffre est suivi d'un chiffre inférieur, cela indique un échec ou un blocage, qui ramènerait le consultant à son point de départ.

Arcanes Majeurs et Mineurs

Dans la lecture, les Arcanes Majeurs ont plus de poids que les Arcanes Mineurs. Si deux Triomphes sont tirés, cela signifie qu'il y a une situation bien fondée à comprendre, alors que si deux Arcanes Mineurs sont tirés, la situation n'est que temporaire.

Par exemple, si l'Ermite et la Papesse sont tirés, le consultant est sur le point de subir des changements importants. En revanche, si la Reine d'Épée et le Valet de Coupe sont tirés, cela peut suggérer l'image d'un jeune homme qui tombe amoureux d'une femme plus âgée que lui, mais qui ne lui rend pas la pareille.

Si un Arcane Mineur et un Arcane Majeur sont tirés, ce dernier indique à celui qui consulte les cartes quel est son but ou son objectif, tandis que l'Arcane Mineur suggère comment atteindre ce but. Par exemple, si le Roi de Bâton est tiré en même temps que la Mort, cela peut signifier que le consultant doit fermer une voie qu'il poursuit, afin de réaliser tout ce qu'il a appris.

Distinctions

Les honneurs, s'ils sont observés attentivement en fonction des caractéristiques psychologiques et physiques qu'ils représentent, peuvent être associés à des personnes que nous connaissons et aux liens que nous entretenons avec elles. Il faut donc laisser parler leurs particularités, pour donner un exemple, la Reine d'Épée peut représenter une femme froide, alors que le Roi de Coupe est un homme expansif et romantique.

Les personnes

Dans le cas où les cartes tirées représentent deux personnes, nous prêtons attention à la façon dont elles « se rapportent » l'une à l'autre. Se regardent-elles ? L'une d'entre elles, regarde-t-elle l'autre ? Regardent-elles dans des directions différentes ? Ces détails peuvent être d'une grande aide pour l'interprétation.

Par exemple, tirer d'abord un Valet de Bâton puis une reine de Coupe, où le premier regarde ailleurs tandis que la seconde regarde l'autre carte, peut symboliser un fils qui ne s'intéresse pas du tout aux conseils de sa mère.

Droite et inversée

Si les deux cartes tirées sont à l'endroit, cela signifie que l'énergie circule librement entre elles, sans blocage, alors que si les deux cartes sont à l'envers, il y a un gros blocage par rapport au sujet. Si la première carte est à l'endroit et la seconde à l'envers, il y aura très probablement un blocage. Inversement, si la première carte est à l'envers et la seconde à l'endroit, le blocage peut être surmonté.

Pour donner un exemple, une Impératrice à l'endroit et une Papesse à l'envers nous indiquent que le consultant est comblé dans l'aspect matériel, mais qu'il a un blocage du côté spirituel.

La méthode qui est à la fois la plus efficace et la plus simple est de suivre son instinct, d'observer l'environnement et le contexte de la personne qui consulte. Puis, faire l'interprétation de l'arcane comme si il n'était pas inversé. Ensuite, utiliser les mots-clé d'interprétation dans sa position inverse, puis, de faire l'interprétation de l'arcane inversé.

Un peu complexe ? Ceci va s'éclairer immédiatement avec un exemple précis...

La Tour - Interprétée à l'endroit, elle indique un changement soudain, une destruction inattendue et une modification, pouvant être rapide, dans le mode de vie. La Tour enjoint de trouver le côté positif de cela, car il y en a un...

Le consultant semble être dynamique, avec de l'énergie, mais anxieux... Donc,

La clé de l'arcane inversé est la résistance au changement.

La Tour inversée indique qu'il ne faut pas refuser le changement, même s'il vient bouleverser tout, sans prévenir. Ce changement, qui s'annonce, est une transformation, libératrice, faisant place au renouveau.

Combinaisons de cartes

Il serait pratiquement impossible d'énumérer toutes les combinaisons de cartes et leurs significations, sauf à s'armer de beaucoup de patience. Selon une formule mathématique, prenons la plus simple possible, les combinaisons sans répétition par deux. Deux cartes dissemblables à choisir parmi 78.

Nous devrions trouver quelque chose comme... 3 000 ! Voici, pour vous, les plus importantes, celle dont l'association peut être moins évidente pour les néophytes et les débutants.

Sorcier et Chariot : voyage d'affaires

Magicien et Papesse : grossesse

Magicien et Étoile : une période idéale pour les nouveaux départs

Papesse et Justice : trouver un élément caché dans un procès

Papesse et Tour : possibilité d'une fausse grossesse

Papesse et Pendu : suspension d'une activité pour une grossesse

Papesse et Lune : la trahison n'a pas encore été découverte

Papesse et Diable : attention à l'argent

Papesse et Monde : début ou fin d'une œuvre

Pape et Soleil : une amitié heureuse

Pape et Justice : accord juridique

Amoureux et Justice : une affaire juridique réussie

Amoureux et Diable : un coup de foudre avec des implications sexuelles

Amoureux et Pape : rencontre amoureuse suivie d'un mariage

Chariot et Amoureux : voyage romantique

Chariot et Tour : risque d'accident lors d'un voyage

Chariot et Pendu : voyage à risques

Chariot et Monde : victoire complète

Chariot et Jugement : belle et franche victoire

Justice et Diable : un procès au cours duquel sont racontés des mensonges

Justice et Pape : la protection contractuelle

Justice et Étoile : conclure un contrat rémunéré

Justice et Monde : contrat à l'étranger

Ermite et Pendu : la solitude inévitable

Diable et Lune : attention aux escroqueries et aux vols possibles

Diable et Tour : perte d'argent

Diable et Soleil : une réussite financière obtenue par des moyens illicites

Soleil et Amoureux : un sentiment d'adéquation

Soleil et Monde : un voyage heureux et important

Roi de Bâton et X de Bâton : angoisse et oppression

Reine d'Épée et IX de Bâton : frustration et solitude

Chevalier d'Épée et V de Denier : il faut se battre pour ses idées

Chevalier d'Épée et VII d'Épée : indignation et révolte

Tous les Chevaliers et le V de Coupe : la sexualité refoulée

Valet d'Épée et le VIII de Denier : les difficultés avec un enfant

X d'Épée et IX de Bâton : insomnie

X d'Épée et IV de Coupe : des nuits pleines de passion

X de Denier et VIII Bâton : fluctuation économique

Tous les Bâtons et le X de Bâton : un parcours difficile

IX d'Épée et VIII d'Épée : des obstacles très difficiles à surmonter

VIII de Bâton et VIII de Coupe : un effort vain

VII de Denier et IX de Bâton : détachement et indifférence

V de Bâton et V d'Épée : chômage, perte d'emploi

V de Bâton et V de Coupe : les dangers d'une trop grande fierté

IV de Denier et IV de Bâton : luxe et réussite matérielle

IV de Coupe et V de Coupe : frigidité et froideur

II de Bâton et IV de Coupe : joie éphémère mais intense

II de Bâton et V de Coupe : forte joie de courte durée

II de Bâton et VI de Coupe : le bonheur sans la stabilité

II de Bâton et VII d'Épée : discussions inutiles

As de Bâton et Arcane d'Épée : rivalité

As de Bâton et Arcane de Coupe : nouvelles amitiés

As de Coupe et Arcane d'Épée : équilibre instable

As de Coupe et Carte de Bâton : difficultés avec son voisin

Les autres combinaisons d'Arcanes ont un aspect plus naturel et évident, à partir du moment où leurs positions, droits ou inversés, les mots clé et leurs significations, sont maîtrisées.

Les erreurs à éviter

Nous concluons ce chapitre en énumérant et en décrivant les erreurs à éviter lors de l'interprétation du tarot.

Ne pas forcer les cartes

C'est une règle d'or, pour ne pas tomber dans l'une des erreurs classiques de ceux qui veulent apprendre à lire les cartes. C'est un aspect important dont faut se souvenir lors de la pratique de la lecture du tarot pour d'autres personnes. Le tarot doit être respecté, et demander toujours la même chose, en essayant d'obtenir la réponse qui est souhaitée, est une attitude irrespectueuse qui ne mène à rien de positif. Comme nous l'avons dit, l'avenir n'est pas écrit dans la pierre, et chacun de nous le façonne jour après jour, par ses propres actions et ses propres choix. C'est pourquoi il faut accepter les indications des cartes avec gratitude et curiosité, en les gardant précieusement et en essayant d'avancer vers ses objectifs.

Prêter attention à la contamination

Les cartes peuvent être influencées par l'auditeur, et c'est pourquoi ceux qui abordent la lecture doivent être capables de contenir leurs attentes et leurs désirs avec le bon détachement et le bon centrage. Bien sûr, si vous lisez le tarot pour quelqu'un d'autre, cela sera plus facile, mais avec la bonne formation, vous pouvez arriver à lire les cartes avec le bon détachement, même pour vous-même.

Prêter attention à l'état d'esprit

Très exactement comme mentionné dans le point précédent, il serait préférable d'éviter de consulter le Tarot si vous êtes trop anxieux, nerveux, inquiet ou en colère, sinon vous risquez de transmettre vos énergies négatives aux cartes. Le Tarot, en effet, est basé sur des lois universelles et par conséquent, il reflète nos sentiments, en attirant les cartes les plus proches de notre état d'esprit du moment. Si une personne n'est pas centrée, équilibrée ou apaisée avant un tirage, il est préférable de s'en détacher, peut-être en faisant un peu de méditation. Le prochain tirage n'en sera que plus bénéfique.

Ne pas mentir, ni « arranger » la vérité

Il est normal, surtout lors des premiers tirages, de trouver difficile de rapporter fidèlement ce que nous dit le tarot. Ceci est vrai aussi bien pour les consultations qui nous concernent que pour celles qui concernent les autres, essentiellement lorsque les nouvelles ne sont pas positives.

Il faut cependant se rappeler qu'au moment de la lecture, nous ne sommes que des intermédiaires par lesquels les réponses arrivent. C'est pourquoi il faut toujours rapporter, sans les modifier, les réponses données par le tarot. Nous pouvons trouver une manière délicate ou douce d'exprimer des concepts, mais le devoir d'un voyant est de rapporter la vérité, sans mentir.

CONCLUSION

Nous sommes arrivés au terme de notre voyage dans le monde du tarot, au cours duquel nous avons disséqué l'histoire, l'ésotérisme et la cartomancie. La divination a été, parmi les sujets abordés, l'un des plus fascinants et sur lequel de nombreuses portes pourraient encore être ouvertes.

C'est dans cet esprit que nous voudrions clore ce manuel en évoquant les runes, qui sont un autre instrument divinatoire très apprécié par tous les praticiens des anciens cultes et des traditions. Elles sont considérées comme une authentique « parole divine », car nous pensons qu'elles expriment la parole des divinités et que leur origine se trouve dans le monde divin.

Les symboles runiques, également connus sous le nom de runes Vikings ou runes Celtiques, n'ont pas seulement une fonction prophétique, mais ils renferment également des connaissances profondes et anciennes.

Pratiquer la divination par les runes ne signifie pas simplement les lire, comme c'est le cas avec un jeu de tarot, mais c'est une fusion authentique de l'ancien alphabet runique avec une pratique spirituelle.

Nous vous remercions d'avoir lu ce manuel, avec lequel nous espérons avoir éveillé en vous la passion et la curiosité pour un monde fascinant. Le Tarot, dans lequel l'art, l'histoire et le mysticisme se fondent à la perfection, donne naissance à quelque chose qui va bien au-delà d'une simple carte et de quelques Arcanes !

Aimez découvrir comme bon vous semble, et...

Pourquoi pas ?

Aimez aider les autres, avec de surprenants tirages !

Printed in France by Amazon
Brétigny-sur-Orge, FR

15500494R00067